ナーラダ・バクティ・スートラ

信仰の道についてのナーラダの格言集

スワーミー・ブーテーシャーナンダ

日本ヴェーダーンタ協会

聖者ナーラダ

発行者のことば

神を悟るさまざまな修行の中で、バクティ（信仰）の道が、もっとも容易で自然な道であると言われている。バクティ・ヨーガについてはさまざまなヒンドゥ教の聖典があるが、非常に尊敬されたヒンドゥ教の聖者ナーラダによって編集されたバクティの道のスートラ（格言集）『ナーラダ・バクティ・スートラ』が正確さ、容易さ、奥深さにおいて最も優れたものとされている。

ラーマクリシュナ・ミッションの第一二代プレジデントであった敬愛するスワーミー・ブーテーシャーナンダは、一九七八年から一九九一年の間に何度も日本を訪問し、日本の信者にいろいろなテーマで講話を行った。『ナーラダ・バクティ・スートラ』は、これらの訪問の中で説かれ、彼の聖典の深い知識と特別な能力により難解な格言がわかりやすい言葉で説明された。

もともと英語で行われた『ナーラダ・バクティ・スートラ』の講話は、初めにイギリスのヴェーダーンタ協会の隔月雑誌『ザ・ヴェーダーンタ』に掲載され、後に一冊の本として発行された。本書はその日本語訳で、日本の霊的求道者のために発刊された。

翻訳は村椿笙子氏によるもので、村椿氏にはさらに出版費用（初版第一刷）もご負担していただいた。発行者として彼女の貢献に深く感謝するしだいである。

バクティの道については、すでに協会からスワーミー・ヴィヴェーカーナンダの『バクティ・ヨーガ』が発行されているが、今回の出版が、この道に興味を持ち、この道にしたがって神を強く愛し悟ろうとするすべての方々に歓迎されることを願うものである。

二〇一五年一一月一〇日
日本ヴェーダーンタ協会

目次

序文

神への愛をどのように育てるか。これは重要な問題だ。やさしくもあり、難しくもあるというのが答えだ。神に祈り、礼拝し、清らかで善良な生活を送っていれば、神への愛を持つことができるとしばしば聞いているので、われわれはそれをやさしいことだと思う。それはとても単純に見えることだが、言うはやすく行うはかたしだ。この考えを実践に移してみると、非常に難しいことがわかるだろう。

神への愛とは何か

まず最初に、神への愛が何を意味するのか理解することが難しいのだ。われわれは、この世のものごとや生きものに対する愛については見当がつく。自分の両親や子供を愛する、夫は妻を愛し妻は夫を愛す。そして富や名声や権力などへの愛もある。われわれはこのようなタイプの愛はすべて理解できる。しかし、神への愛が何を意味するかを理解することは難しい。その理由は、神とどのような関係を持てばよいのかということについて、われわれはこの世でそのような種類の関係を持ったことがないのでわからないことだ。われわれが愛するものはすべて具体的なもので、感覚器官で知覚できるものだ。しかし神はそのようなタイプのものではない。もうひとつの理由は、われわれが神の悟りを得ていないことだ。われわれが神への愛について考えるとき、それは現実ではなく、想像の産物だ。悟りや経験という基盤がなければ、われわれは想像することはできないと感じる。だから神への愛という概念を持つことは難しいのだ。

いかにして神への愛を育てるか

その困難さは明らかだが、これを経験した人びとはゴールに到達できる方法を示している。たとえば、シュリー・ラーマクリシュナは「信者は神に対して特別な態度をとらなければならない」と言っておられる。人は神を自分の父や母や子供などのように思わなければならない。そのような二重焼き付けは助けになるだろう。われわれはこのような世俗の人間関係の中での愛はすべて経験している。そしてそれは神に置き換えられるべきなのだ。聖典の中で『あなた』は私の父、私の母、私の友そして私の最愛の人です。『あなた』は私の富、私の学識そして私のすべてです」と言われている。人間は神に関してこのような概念を持つことができる。つまり「彼」はこの世の中でわれわれのすべてである、と思うことだ。しかし最初はある種の準備つまり想像だけになるだろう。のちに次第に意識が深まってくると、この単なる想像が悟りになるのだ。今日は想像であるものが、明日は悟りになる。それが、いかにして神の愛がはぐくまれるかということだ。この神への愛はバクティあるいは信仰と呼ばれるもので、バクティによって神を得る道をバクティ・ヨーガという。「ナーラダ・バクティ・スートラ」を読むと、神は完全に定義されるものではないことがわかる。この信仰は何かへの至高の愛である。

神への愛を育てるための修行（サーダナ）

偉大なものは、簡単にはなしとげられないので、この信仰の道もやさしい道ではない。人生でもっとも価値のある目標である神の悟りは、そんなに容易なことだろうか。実践が必要なのだ。シュリー・ラーマクリシュナがいつも言っておられたように、人は神の御名をくり返し、「彼」の栄光をうたい、聖者と交流しなければならない。これは信仰への準備段階だ。儀式的礼拝や祈りなどはヴァイディ・バクティ（聖典で指示されている信仰の道）と呼ばれる。この準備段階の信仰を通して神への愛を育てるようすは、おもちゃで遊ぶ子供にたとえられる。幼い少女が人形で遊ぶとき、人形たちは彼女の息子や娘になっている。そうやって少女は彼らとの関係を作っているのだ。食事を食べさせ、服を着せ、ベッドに寝かせてかわいがる。もしそれがこわれたりすると泣くことさえあるだろう。

われわれは神の生き生きとした存在を感じるようになるまで、準備段階の信仰を続けなければならない。われわれが神と一定の関係を築き、祈りや礼拝などをしようとこころみても、その途上には内面外面両方の障害物があるだろう。肉欲、貪欲《どんよく》などのような内面的な問題もあるが、適切な場所や助けや協力などの欠除といった外面的な障害もある。

途上にある障害とそれの除去

シュリー・ラーマクリシュナは、信者の心の中に愛が育てば、すべての問題は消えるだろうとおっしゃった。愛というトラは肉欲、怒り、嫉妬などを飲みこむ。つまり強烈な神への愛は、神の悟りの道にあるすべての障害物を取り除くことができるということだ。この世の中には過酷な障害物があると言われているが、それは世の中にあるのではなく、心の中にあるのだ。神への愛が心に育つと、すべての障害物は消え去る。

この神への強烈な愛を、どのようにして獲得すればよいのだろうか。それは、愛と誠実さをもって規則正しく神に仕えることによって得られる。清らかな生活を送っている人の心は神の愛によって次第に色づけされるのだ。家事という義務が、シュリー・クリシュナに会いに行こうとするゴーピーたちを止められなかったように、どのような世俗の障害物もその人の成長を止めることはできない。「バーガヴァタ」は次のような例をあげている。ゴーピーたちが家事の仕事で忙しかったとき、森からクリシュナの笛の音が聞こえてきた。神の呼び声は抵抗しがたいものだった。ゴーピーたちは即座に自分の仕事を忘れてクリシュナのところへかけつけた。その呼び声は彼女たちの心を家事の義務から引き上げたのだ。あるとき、ひとりのゴーピーが部屋に閉じこめられたことがあった。彼女は必死に考えて、自分の肉体がクリシュナのところへ行くことを妨げている障害物だということに気づいた。そこで彼女は肉体を放棄し、精妙体になって主と自己を合一させた。彼女の肉体でさえ、その合一を止めることはできなかった。これが真の愛と呼ばれるものだ。

神への誠実な愛は、信者の人生からすべての障害物を取り除く。M（「ラーマクリシュナの福音［邦訳名］」

の記録者）はあるとき「妻が自分の霊的成長の障害になる場合、どうしたらよいでしょうか」とシュリー・ラーマクリシュナにたずねた。彼はMに「そんな妻はまず説得することだ」とおっしゃった。Mが「もし彼女が自殺をするなどと言っておどしたらどうしましょうか」と言うと、彼は「妻が自分の霊性の生活の障害になることがわかったら、そのような妻は放棄せよ」とお答えになった。それから「人が神への誠実な愛を持っていれば、王様でも不道徳な悪人でも自分の妻でも、すべて自分の思い通りになるだろう」とつけ加えられた。

シュリー・ラーマクリシュナの示唆《しさ》

シュリー・ラーマクリシュナは、信者たちが霊性の道にある障害物から解放されるための示唆をお与えになった。第一は祈りだ。人が神に真剣に祈れば、神はすべての障害物を取り除き、あらゆることを好都合《こうつごう》にして下さるのだ。第二の示唆は、聖者との交流を持つことだ。人の心をより高い霊性の領域に引き上げる人が聖者だ。聖者は神聖さの見本だ。彼らの人生は神の存在の正当性を立証するものだ。そうでなければ人類は霊性の生活に信仰を持つことができなかっただろう。三番目の示唆は、ときどき静かな所で独居することだ。シュリー・ラーマクリシュナはひとつの例をあげておられる。漁師の網につかまった魚のうち、あるものは泥の中にもぐって自分たちは安全だと思っている。そのような魚は漁師がゆっくりと網を引っぱってそれらを捕まえようとしていることを、そして自分たちの命が亡くなることを理解していない。網に捕まえられた魚と同じように、われわれの魂は世俗に縛られている。だからわれわれは静かな所に行って人生の目的について考えるべきなのだ。もしわれわれが、この世は実在ではなく、苦しみに満ちているということを経験すれば、それに引きつけられなくなるだろう。霊性の修養は、われわれの世俗への執着をとり除き、われわれの内に神への憧れを芽生えさせるだろう。この憧れが唯一の必要なものだ。「憧れはバラ色の夜明けに似ている。夜が明けると太陽が現れる。憧れののちに神のヴィジョンがくる」とシュリー・ラーマクリシュナは言っておられる。

信仰の道はすべての人のためにある

最後に、この信仰の道はあらゆる人のための道であることを覚えておいてほしい。だれでも実践できる。もっとも卑劣な人間でも、それを始めることはできるし、しだいに改善や進歩が起こるだろう。その愛の性質は、愛する者を清らかにするだけではなく、その人の愛の対象の概念も変化を受けるものだ。その浄化あるいは変化は、ハシゴの一番低い段から一番高い段へと進む。これが、信仰の道の素晴らしさだ。

「ナーラダ・バクティ・スートラ」

「ナーラダ・バクティ・スートラ」は簡素な信仰の聖典だ。これは八四の格言で構成されている。この本の年代や著者ははっきりしていないが、聖者ナーラダが著者であると言われている。聖者ナーラダは、その信仰で知られている。

バガヴァーン・シュリー・クリシュナご自身でさえ、「マハーバーラタ」のシャンティパルバの中で、ナーラダの資質を激賞しておられる。主はその中で、ナーラダがあらゆる場所であらゆる人びとから礼拝されたことをくり返し述べておられる。ナーラダの一生についてはあまり知られていないが、「バーガヴァタ」の中で、彼の幼少期の話が少し述べられている。彼の父親については何も知られていないが、母親はあるブラーミンの家で召し使いとして働いていたと言われている。たくさんの聖者がそのブラーミンの家に客として集まり、ナーラダは彼らの世話をしていた。ナーラダは客たちによく仕え、同時に彼らの講話も熱心に聞いていた。まだ五才の少年であったが、客たちは彼が熱心な信仰心をもってその講話に参加することをとても喜び、彼に信仰の道を説いたのだ。

しばらくして、ナーラダの母親はヘビにかまれて死んだ。ある日の早朝まだ暗いうちに、彼女はブラーミンの家の牛の乳をしぼりに出かけ、その途中でヘビにかまれて息を引きとった。ナーラダをこの世に結びつける唯一のくさりであった母がこの世を去った後、彼は自分の義務から完全に解放されたことを感じてブラーミンの家を去った。森の中に退《しりぞ》いて、そこで神のヴィジョンを切望して祈った。すると神が彼の前に現れ、ナーラダは神のヴィジョンを得たことを非常に喜んだ。しかし、このヴィジョンはすぐに消えた。ナーラダはその特典を失ったことを深く悲しんだ。そのヴィジョンの再来を渇望して大声で泣いていると、「おまえは今生ではもう『私』を見ることはないだろう。おまえは今『私』のヴィジョンを得たのだから、おまえの人生は喜びで満たされるはずだ」という神の声が聞こえた。それから後、ナーラダは神の賛歌を歌いながら、人びとに信仰の道すなわち愛の道を説いて世界中を歩き回った。これが「ナーラダ・バクティ・スートラ」の由来だ。

スートラとは何だろうか。それは、短い言葉の中に広大な教えを含む格言的な言葉だ。「パドマ・プラーナ」の中にはひとつの詩があり、そこで「スートラとは、あいまいさやくり返しがいっさいない短い言葉の中に、広大な知識の要点を表すもので、そのようなスートラは代わりになれるものがないし、いかなる間違いもない」と言われている。スートラには糸、つまり主題全体をひとつにたばねる糸という意味もある。特に重要な霊性の理想は、後世まで間違いなく記憶され、維持されるようにスートラの形で書かれた。「ナーラダ・バクティ・スートラ」においても、信仰の道の全体系が八四のスートラの中に説明されている。

われわれはこれから、ナーラダにしたがって信仰の道を学んでいこう。日本のヴェーダーンタ協会に滞在しているあいだに、私は信者たちの要望に応じて「ナーラダ・バクティ・スートラ」についての話をしたことがあった。その講話が録音テープから起こされて、「ヴェーダーンタ」（ラーマクリシュナ僧団の季刊誌）に連載され、イギリスのわれわれのセンターから出版された。オリジナルのスートラと注釈の翻訳を入れた完全な改訂版が、今読者の前に出版されたのだ。

ナーラダ・バクティ・スートラ

バクティ、信仰の道は神の悟りというゴールにつながるもっともやさしい道なので、これを理解するための心の資格を得た後、バクティの意味を説明し、どのようにしてそれを獲得するかについて話してみよう。

一、では、バクティ（神への信仰）を説明しよう。

聖者ナーラダは「さて私はバクティを説明しよう」という格言でこの論考を始めている。彼は、この説明を必要としている特別な人びとに向かって話しかけているのだ。この教えは、それを受けて理解吸収するのに十分な能力のある人びとに授けられるべきものであって、誰にでも無差別に与えられるべきではない。なぜなら、相手を誤るとそれは助けにならないだけでなく、これを嫌う人びとは教師をあざけることもあるからだ。それゆえ、まずこの教えを受けるべき正しいタイプの志願者を選ぶことが必要だ。多くの格言集がほとんどこのような言葉で始まっている。

一番の格言には四つのポイントがある。

(一) 何が、ここで教えられるべき主題であるか。

(二) この教えは誰のためのものであるか。どのような人がこの教えを受ける資格があるか。

(三) 何が目的であるか。何が望まれている目標か。この教えを学び、実践することによって得られる利益は何か。

(四) この教えとそれに従うことによって達せられるべき目的とのあいだの関係は何であるか。

この聖典の研究に入る前に、これらの予備的な要点や関係が理解されるべきだ。

まず第一に、主題は何であるか。それはバクティつまり信仰だ。ナーラダはこの格言で、信仰とは何かということを述べている。第二に、この教えは誰のためのものであるか。ナーラダは、この道に従って進みたいと願う者たちにそれを伝えようとしている。それは単なる知りたがり屋のためでもないし、知的な思索のためのものでもない。自分の人生をこの教えに従って形成したいと思っている人びとだけが、この教えを受ける資格があるのだ。ここで教えられるものは、人生に特別な重要性を持つものだからだ。これは重要なポイントだ。どのような人がバクティの道に適しているのだろうか。自分の現在の生活状態に満足していない人びとがいる。人生に何かが欠けていると感じてはいるが、どのようにしてその不完全を除けばよいのかがわからない人びと、つまり彼らは何かを探し求めているが、どのようにしてそれを得たらよいかわからないでいるのだ。この論説が役に立つのは、そのような人びとだ。つまり、自分の現在の状態に満足している人びとの心には、学びたいという願望は起こらないということだ。彼らにとっては、どのような教えも無益だ。ゆえに、このような人びとは除外される。これは、この教えを理解するほど十分に啓発されていない人びとはそこから恩恵を受けることはできないということを意味する。この教えに従う能力を持ち、そこから恩恵を受ける適性のある人びと、そのようなある種の精神的準備のできている人びとだけが、この論説の対象なのだ。

ゆえに、特別な精神的準備が必要だ。信仰の道について学ぶために、どのような条件が必要なのだろうか。ただひとつのことが要求される。それは、信仰を得たいという真摯《しんし》な願望と熱意だ。唯一必要とされる資格は、バクティを得たいという願望だ。それを求める真の渇望がなければならない。求道者は、バクティを得るためにどうしたらよいか真剣に考えなければならない。このような人びとのために、この論説は必要なのだ。

もし人びとが感覚的快楽のたのしみに完全に溺れているのであれば、当然、彼らのハートには信仰への願望は生まれないだろう。そして当然、神の話を聞きたいという気持ちも起こらないだろう。もし人が神を信じないのなら、つまりまったくの無神論者であるなら、この教えは彼を助けないだろう。「ギーター」の中に、この教えは自己を高めるためのいかなる形の修行をしたこともなく、理想実現のためにいかなる形の苦行を実践したこともない人びと、またそれをしようとする傾向をいっさい持たない人びとには与えてはならない、と述べられている（一八・六七）。正しい適性を持つ者だけが、この教えを通して進むことができるということは明らかだ。

それから、ここにもうひとつ大切なことがある。この教えを学ぶ人びとはすぐれた学者である必要はないし、無学の人であってもよい。ヴェーダやその他の諸聖典または哲学に通じている必要もない。バクティ・ヨーガの道を進みたいと思っている人は、社会における特別な地位などまったく必要としないのだ。信仰の道はどのような地位の人でも、あらゆる人に開かれている。学識とか社会的地位といった差別は、この道にふさわしくないし、それをわれわれから奪うものでもない。さらに、年齢は信仰の道を進む基準ではないということもつけ加えておこう。ごく幼いときから神に惹《ひ》かれる心を持っている人びともいるが、それは彼らの過去世の印象によるものだ。プララーダ、ナーラダ本人、シュカなどは、生まれたときから神の熱烈な信者だった。犠牲供養の儀式を行う場合は特定の資格（年齢、経験など）が必要だが、信仰の道の場合には必要ではない。非常に倫理的である必要もないし、普通の人間であれば十分だ。感覚器官の楽しみを求める欲望もあるだろう、しかしこの欲望は霊性の生活を続けることができなくなるほど強いものであってはならない。これが、適性の意味だ。

「バーガヴァタ」の中で、「バクティ・ヨギとは誰のことか。バクティ・ヨーガは神のお遊びに惹きつけられている人にとって役に立つ」と言われている。神のことを聞いて、彼の関心は「彼」の中に目覚めさせられている。このような人間は、極端に感覚の楽しみに没入しているわけではないし、最高の放棄の精神を持っているわけでもない。彼はいわば、ちょうど真ん中辺にいる人だ。だから、ただひとつのこと、信仰の道への切望だけが必要とされるのだ。そのような人びとにとって、バクティ・ヨーガは助けになる。

感覚の楽しみに溺れきっている人は、当然神について聞くことを好まないだろう、ということはすでに述べた。また、もし人が非常に浄らかで感覚の楽しみへの執着から完全に解放されていたら、そのような人は知識の道（ギャーナ・ヨーガ）のような他の道を歩むことも適しているだろう。もちろん、バクティ・ヨーガは歩めないということではないが、彼は他の道を歩むこともできるので、彼の行く道はバクティ・ヨーガに限定されることはないだろう。しかし、人がまだ世俗の事物へのすべての執着を避けて、心を「実在」の最高の性質の探求に捧げるほどには浄化されていないという場合には、このような人には、バクティ・ヨーガが助けになるのだ。

ここで、ある疑問が浮かぶかもしれない。もし人が渇仰心を持っているなら、彼はバクティも得ているわけだ。それならなぜその上にバクティが必要だという議論が起こるのか。彼の渇仰心が浪費されることがないように、正しい方向に導かれなければならないので、そのような信仰についての熟考が必要なのだ。また、彼が誤った方向に進んで、目標を誤るようなことがあってはならない。ゆえに、求道者はどのように前進すべきか、どのような落とし穴があるか、目標は何であるかなどについて、はっきりとした指針を持たなければならない。それだからバクティ・ヨーガの知識が必要なのだ。

バクティ・ヨーガは単に人の知的好奇心を満足させるためのものではない。われわれの生活に関する主題なのだ。もっとも大事なことは、それを頭で考える問題として軽々しく扱ってはならないということだ。例として、ある哲学者の場合を取り上げてみよう。彼は知的満足のために研究する。彼の生活はそれとは無関係だ。彼の哲学はひとつの道、彼の生活はまったく別の道なのだ。高遠な哲学を語る人が必ずそれにふさわしい生活をしているとはかぎらない。大学で哲学を教えている教授は博学な学者ではあるが、これは必ずしも彼がその哲学に従って生きているという意味ではない。そのような哲学者のもとで学んだことがあるのでわかるのだ。彼は非常に博識な学者で、さまざまな難解な問題についてはなばなしく論じていた。しかし、彼の生活はその性質から言うと、平均以下のものだった。それでも彼は名声を得ていた。名声を得てはいたが、彼の生活はその哲学とは何の関係もなかった。

これはナーラダが語りかけるタイプの人ではない。ナーラダは彼の教えによって自分の生活を形成したいと望んでいる人びとに語っているのだ。

ここまでわれわれは最初の格言の中に含まれる二つのポイント（主題と、この教えに適している求道者）

について話してきた。さて、第三のポイントは、この聖典を学ぶ目標は至高の信仰だ。第四のポイントは関係だ。バクティを求める求道者の場合、それはただこの道と目標を理解することではなく、それに対する至高の信仰を持つことが大切なのだ。主題をただ研究するだけでは不十分だ。信仰の道の知識を得た後、目標の達成のために実践しなければならない。知識の道（ギャーナ・ヨーガ）に関して言えば、自己と「ブラフマン」との同一性という悟りがゴールであり、その過程は識別であると言われている。われわれがこの道について議論するときは、知的な理解があるだろう。一方、信仰の道（バクティ・ヨーガ）は単なる知的な理解では不十分だ。信仰が道であり目標でもあるのだから、信仰の実践がさらに大きな意義を持つのだ。「バーガヴァタ」の中で、信仰の実践を通じて人は至高の信仰の状態に至らなければならないと述べられている。初心者はまず、儀式の道をふくむ信仰から始めなければならないが、最終的には至高のゴールに到達するのだ。なにか信仰に対する魅力がなければ、人は究極的には至高の愛へと成熟する旅を始めないだろう。

二、バクティは、彼（神）への至高の愛のようなものであると述べられている。

信仰の定義は何だろうか。この聖典において、それはできるかぎりのもっとも短い言葉で定義されている。「信仰は神への至高の愛のようなものである」これは非常に重要な意味を持っている。第一に、その愛は最高でなければならないと言っているのだ。この最高という性質は非常に大きな差異を意味している。普通の愛ではなく、至高の愛なのだ。この愛における最高という意味は何か。それは、量だけではなく質においても最高であるという意味だ。この愛は、ただ非常に強烈でありもっとも深いものというだけではなく、性質も普通の愛とは異なるのだ。どのようにして愛の性質を見分けるのだろうか。たとえば、世俗の縁者に対するわれわれの愛について考えてみよう。そこにはいくつかの形があるだろう。子に対する母の愛、妻に対する夫の、または夫に対する妻の愛、親への愛、友への愛、富への愛、名声への愛など。これらすべてを愛と呼ぶことはできるが、これらは必ずしも至高の愛ではない。

何が愛を至高にするのか。至高の愛を除く他のすべての愛は自己中心だ。それは利己的な愛だ。神への愛だけが純粋な非利己的な愛なのだ。これには反対意見もあるだろう。人びとは、世俗の関係にも無私の愛は見られると言うかもしれない。たとえば子に対する母の愛にはもちろん私心がない。夫に対する妻の愛や妻に対する夫の愛もそうかもしれない。すべてとは言えなくても、少なくともいくつかの実例を見つけることはできる。そのような愛を、全部利己的なものと言わなければならないのだろうか。そうだ。これらの愛はすべて、その核心においては利己的である。それらは、愛している人が中心となっているからだ。母親が我が子を愛するのは、相手が単に子供であるからではなく、それが自分の子供だからだ。こうして、愛は自分自身に関係のあるものに集中する。無私の愛と言われるものも、つねにこの種の自己中心性にいろどられているだろう。（私が・私の・私に）ということがまず介入してくるのだ。これなしには愛は存続できない。子供は美しい人形を愛する。美しいからだけではなく、それが自分のものだからだ。そのような愛には、この自分のものという考えがつねに付随する。だからわれわれはそれを利己的な愛と呼ぶのだ。

「自己」と何の関係も持たない、神性の愛以外の愛はすべて利己的である。われわれが神を愛する場合、「彼」が他者の神ではなく私の神だから愛するのではない。そこには所有感はない。神への愛を考えるとき、われわれが神を所有しているのでないことは明らかで、神は愛する価値があるからわれわれは「彼」を愛するのだ。われわれはただ神がわれわれの最高の愛に値する唯一の対象であるから、愛するのだ。だからわれわれは神を愛する。これは、「他の何もののためにでもなく、それ自身のために愛しい」ということだ。

神は、他の何ものでもなく、神であるがゆえに愛しいのだ。そこには他のいかなる利己的関係も介入してはいない。この愛は無私のものなので、質においても量においても最高なのだ。世俗の愛の中には、この愛のように自分自身を忘れさせるほどの例は見られないので、私は量においても、と言ったのだ。

では、母親の我が子に対する愛は無私ではないのか。そう、ある程度は無私だ。おそらく、この世の関係の中では最善のものだろう。少なくとも子供が幼いあいだは、母は子供から何の見返りも期待しない。子供が成長して社会の立派な一員となったとき、母は何らかの見返りを期待するかもしれない。そのとき、そこには、（私の）という所有意識があるので無私とは言えない。子供は自分の子であり、当然彼女の愛は子供に行く。言いかえれば、子供は母親の人格の延長にすぎないので、自分自身に対する愛が子供に移されて現れているのだ。したがって彼女は自分自身を愛するように、彼女の子供を愛しているのであり、それは利己的な愛となる。つまり、われわれの愛は世俗の関係においてはつねに利己的な色彩を帯びているのだ。これは、ひどいことを言うように聞こえるかもしれない、多くの人を失望させるかもしれない。しかし、よく分析し、深く考えてみると、これが真理であることがわかるだろう。

次の疑問は、この世俗の愛は神性の愛と似たところや比較できるところはあるだろうか、ということだ。ない。われわれの神への愛には所有という問題はまったく起こらないのだから。この愛の例であるブリンダーバンのゴーピーたちの人生の場合はどうだろうか。彼女たちは愛の実例としてよく使われるが、そこにも所有の意識は見られる。しかし、その所有意識は愛の対象をひとりの個人に限定してはいない。神は個人の神ではなく、すべての人の神だということを誰でも知っている。「我が神」と呼ぶことによって少し甘美な感じが加わるが、神を独り占めしようとするような愚者はいない。神が自分だけのものでないことは、すべての人が気づいているので、この場合の（私のもの）は利己主義ではない。

では、われわれのこの世の愛は全部利己的だというのは本当に真実なのだろうか。もし真実だとしたら、当然われわれはそれにあまり高い価値を認めることはできないし、もしそれが利己的でないなら、それは愛の名に値するものではない。もし私がある人を我が者と認めないようなら、その愛はうわべのものであって深いはずはない。愛が深ければ深いほど所有の観念は強く偉大なのだ。これは明らかなことなのだが、それでもわれわれはこのヴェールのために真実を見ない。ヴェールはそれを非常に高貴で立派なものに見せ、ほとんど神聖化さえする。しかしわれわれはその事柄の内面まで徹底的に調べただろうか。そこには（私のもの）という意識がつねにあり、この世の愛はそれなしには存在できない。

当然の結果がそれに続く。母親は子供を子供のためではなく彼女自身のために愛する。夫は妻を妻のためではなく彼自身のために愛する。妻は夫を夫のためではなく彼女自身のために愛する。では神の場合はどうか。われわれは、それが自分を喜ばせるから神を愛するのではないか。そうではない。われわれはそのとき、自分のことはまったく考えない。神に愛を捧《ささ》げるとき、われわれは神が自分を喜ばせるだろうなどとは考えない。ただ神は愛そのものであるから、神性の観念はあらゆる種類の愛と結びついているのだ。われわれはその神性と密接な関係を持つことによって、神は愛でありわれわれの愛に値する唯一の対象であるということを知ったとき、神を愛さずにはいられないのだ。「彼」は愛しい、なぜなら「彼」は愛しさそのものであるから。

そして、やがて出てくるであろう、もうひとつのポイントは神の偉大さへの気づきだ。無知で、聖典のことなど少しも知らない、バクティの道の教えに深く通じているとは思えないような信者たち、そのような人びとでさえ、自分たちの愛の対象がある特別な性質を持つ存在であることには気づいている。彼らが神を愛するとき、彼らは自分が神を愛しているのだということを、そして神はこの世の事物とはまったく異なる存在であることを知っている。その気づきが、この愛を世俗の愛と区別するものだ。

別のやり方で考えてみよう。もしわれわれが何かを完全に自分のために愛しているのなら、われわれは神をも同じように愛しているはずだ。私はこの肉体を愛する。なぜか。それが自分の肉体であるからだ。つまり愛は何かのためにあるのだ。肉体が病んでいるときは、私はそれを好まない。なぜなら、それが私を喜ばせないから、私の愛は肉体のためではなく、「自己（アートマン）」のため、私のためのものなのだ。「その違いは何か」ときかれるかもしれない。違いはこれである。われわれが自分自身を「自己（アートマン）」であると思わず、肉体的・心理的・知的存在であると思うときにのみ、愛は汚されるのだ。さらに深く考えていくと、肉体は単にそれが私の肉体であるから、つまり私がそれを所有しているから愛しいのではないことがわかる。本能的に愛しいのはその私自身だけであって、肉体はそれが自分に喜びを提供するから愛されるのだ。肉体はわれわれが快楽からの満足を得るための道具だ。心や感覚器官も同じことであり、その他の対象物は言うまでもない。私にとって、私自身だけが本能的に親しく、他のすべてのものはそれの「アートマン」とのつながりのために、私にとって愛しいものなのだ。

では神はどうだろうか。神は「アートマン」そのものだ。神はわれわれの「自己」だ。ゆえに、神への愛と自分自身への愛とは同じものなのだ。「アートマン」が「アートマン」以外のもの、たとえば肉体や感覚器官などと結びつくと、それに対するわれわれの執着が堕落するのだ。われわれが神を愛するとき、そこには堕落させる要素はない。一方は堕落しており、他方は高貴なのだ。それが、この場合の特色だ。

それゆえ、ここで簡単に「バクティは神への至高の愛のようなもの」と述べられているのだ。信仰はどのように定義されているのか。それは「神への至高の愛のようなもの」である。なぜ至高の愛「のようなもの」と述べられているのだろうか。至高の愛は描写の不可能なものだからだ。なぜ描写できないのだろうか。もっとも本質的なものは説明不可能なのだ。だから、至高の愛も描写できない。われわれが至高の愛と言うとき、それは至高の愛に似ている、あるいは至高の愛のようなものということなのだ。至高の愛が何であるか、われわれにはわからないが、強烈な愛にはなじみがある。そのような愛の経験のある者にわからせるために、それに似たものであると言うのだが、それそのものではないのだ。至高の愛は、そのような強烈な愛だけではない。後者は不純であり、前者は純粋なものであるからだ。大多数の人はこの純粋な愛を理解できないので、バクティが定義されるとき、それは至高の愛「のようなもの」であると言って、簡単に至高の愛であるとは言わないのだ。

パラマー（最高〔至高〕）については、今説明したとおりだ。もうひとつのポイントがある。それは神への愛でなければならないと言われている、それであってはじめてバクティすなわち信仰となるのだ。もし対象が神以外の何かであるなら、それは真の信仰・帰依ではない。そこには執着があり、信仰や帰依はないだろう。真の信仰は神 だけに捧げられるものだ。真の信仰の対象は神だけであり、われわれがグルへの信仰とか聖者への信仰と言うときには、グルまたは聖者は神に結びついているから、そこに神が現れているると見て、この言葉を使うのだ。われわれの信仰の唯一の対象は神であり、神のみであって他の何者でもない。信仰は「彼」への、つまり神への至高の愛のようなものである。信仰は愛の感情の一点集中だ。愛をあちこちに分散させることはできない。愛の対象が二つあってはならない。ただひとつの対象であり、それは神だけなのだ。

するとここに疑問が起こる。ではわれわれはその他のものを愛してはいけないのだろうか。けっしてそうではない。ただし、他者は神につながるものとして、神の宮として、神の現れとして愛されるべきだ。信仰の道を歩む信者は、わがハートの内を神以外の何ものとも、共有させることはできないのだ。ユダヤ教の聖書に「『私』（エホバ）は嫉妬深い神である」と書かれているが、その意味はわれわれのハート全体を神で、神だけで満たすべきで、それを分散することはできないということだ。もし神を愛するなら、全心を「彼」だけに捧げなければならない。そのときにのみ、バクティがそこに芽生えたと言うことができる。そうでなければ、このように言うことはできない。

信仰の道についてのもうひとつ大切なことは、そこにいかなる種類の利己的な考えも混じってきてはならないということだ。信仰者は神を他の何ものかを得るための道具としてはならないという意味だ。神はただ「彼」が神であるから愛しいのだ。われわれは神からまったく何ひとつ、幸福さえも、期待すべきではない。神だけが対象であって、他のいっさいのものは違うのだ。彼の恩寵によって、富とか繁栄とか名声を得ようとしてはならない。われわれは「彼」だけを求めなければならない。もしそのために不幸がくるなら歓迎する、不満足がくるなら歓迎する。われわれは神が何かを下さるから、「彼」を愛したいと思うのではない。まったく何ひとつ「彼」から期待しない。歓び・幸福・平安などはおのずからやってくるだろうが、われわれのほうから求めるべきではない。解脱のことも思うべきではないのだ。生死の流転から救われることも考えるべきではない。愛のあるところでは解脱さえも願うことはないのだ。

ではわれわれはなぜ神を愛するのだろうか。反問してみよう。われわれはなぜ自分自身を愛するのか。われわれは愛さずにいられないから、自分を愛するのだ。信仰者の答えもそれと同じだ。彼は愛さずにいられないから神を愛するのだ。神は愛に値する唯一の対象なのだ。信仰者は「彼」に愛されようと思って「彼」を愛するのではない。バクタ（信仰の人）の歓びは、与えることの中だけにあるのであって、どのようなものでも受け取ることにはないのだ。彼は神から何も期待しない。神がわれわれを生死の輪廻《りんね》から解放してくれるとか、「彼」がわれわれを不死にしてくれるというような、さまざまなことが信仰に関して言われているだろうが、それらはもっと低いレベルの愛の形だ。信仰の定義をする場合には最高の定義を与えなければならない。人はもっと低いさまざまな形を考えてもよいのだ。

最終的に、そのような信仰は可能だろうか。ごくわずかな人びとにではあるが、それは可能だ。ごくわずかではあるが、この高さまで昇れる人もいるのだ。他の人びとはもちろん、今どの位置にいようとも、そこから出発すべきである。たとえその境地が利己的なものであっても、それは禁じられてはいない。皆がじょじょに成長して、ついには目標に到達するだろう。この定義は目標を述べているのだ。

三、これ（信仰）は不滅のようなものである。世俗の愛のように変化を受けることはない。（それは永遠に実在することを意味する）

われわれは最初の二つの格言を完了した。第一は要するに序言であり、第二はバクティの定義だった。第三の格言は第二の格言、つまり信仰の定義の続きで、ここではバクティについてさらに語られている。この格言は第二のもの、つまり信仰の性質と関連している。前の定義では、バクティは神への至高の愛のようなものであると言ったが、ここでさらに、それは不滅の愛のようなものであると言われている。この愛は不滅なのだ。第一にはパラマ・プレマルーパと呼ばれ、第二にさらにアムリタ・スワルーパと呼ばれている。

プレマという言葉はじつに広い意味を持っている。それは、われわれに対してはあることを意味し、あの神性の愛を経験した人びとに対しては別のことを意味する。同じ言葉を使っていても、意味はまったく異なるのだ。なぜ異なるのか。その経験が、われわれの知らないものだからだ。われわれの経験は肉体と感覚器官に限定されているが、神性の愛は肉体と感覚器官の両方を超越している。だから、それはまったく異なるものであるのだが、その考えを伝える表現方法が他にないので、このような表現が用いられるのだ。それは「愛の範疇《はんちゅう》のようなもの」と呼ばれる。なぜなら、深い法悦状態に入った人の表情が、世俗の愛を表現している人のそれととてもよく似ているからだ。外見上の表情は似ているが、両者のあいだには大きな違いがある。だからそれはアムリタ・スワルーパすなわち不滅なものと呼ばれているのだ。

ゆえにバクティは至高の愛であり、不滅でもあるのだ。それはパラマ・プレマであるだけではなく、アムリタ・プレマつまり不滅のようなものでもある。けっして終わることはないのだ。われわれが考え得るかぎりの世俗の愛には、始まりと終わりがある。中断されることなく永遠に続く世俗の愛はない。そのような可能性のあるものは何もない。愛する人が有限の存在であり、愛される対象も有限だからだ。だからそれは、つかの間のものに束縛され、時間や環境そしてその愛が向けられる対象物によって限定されるのだ。この世の普通の愛が無限のものでないのはこのためだ。これは神性の愛を、われわれが経験するその他の種類の愛から区別する非常に重要なポイントだ。われわれのすべての世俗の愛の経験には始まりと終わりがあり、その上に強さと継続性と質の限度がある。一方、神性の愛はこれらすべての点において無限だ。ひとたび、その愛が達成されるとそれは永久に続く。そのような純粋な愛は、いかなる外部の条件にも依存していないからだ。われわれの愛は、この世の誰か何かに接したときに目覚める。神性の愛には、そのような外部との接触はない、神への愛はわれわれの内にあり、愛の対象もわれわれの内にあるのだから。だからこの愛は果てしなく無限なのだ。この愛この経験は、主体であるわれわれがそれを客観的実体に対して経験するというようなものではない。それはわれわれ自身と同一のものであり、神に向けられているけれど、その神はわれわれの外に在るのではない。

バクティ・ヨギであっても、自分自身を「至高者」とまったく別の存在であるとは考えないだろう。彼は、二元性の感じは持つかもしれないが、その二元性はこの世の姿（状態）とは違うのだ。つまりそのような愛、その愛の対象と同じように果てしなく無限であり終わることのない愛が、あの至高の愛なのだ。パラマ・プレマはアムリタ・プレマつまり不滅のようなものであるに決まっているのだ。そしてここに、「同時に」という言葉がつけ加えてあって、同時に不滅であると述べられているのは、この二つは別個の定義ではなく、第二の定義は第一の定義の一部であるということを示している。

信仰は神への至高の愛であり、またそれは永遠不滅のようなものである、という定義を見てきた。この二つの格言において信仰の定義がなされた。われわれは至高の愛がどのようなものなのか理解してきた。それを単純に至高の愛と言うことはできないが、至高の愛のようなものと言っているのだ。われわれが至高の愛と言うとき、それはわれわれの身近にある愛のことを意味しており、至高の愛のようなものと言うときは、われわれの経験が神への愛と似ているので、そのような例から連想されるものを意味しているのだ。われわれの世俗の愛は、正確には神への愛と同じではない。さまざまな違いがあるが、それについては後で出てくるだろう。ここではそれがわれわれの世俗の愛の中の最高のタイプのものと似ているとだけ言われている。まず、世俗の愛、それから最高クラスの世俗の愛が語られ、そののちに、それは正確に言えば異なるものだが、似たところがあると言われているのだ。そして最終的にそれは神へ向けられる。

その定義は、神への信仰という言葉が何を意味しているかを明確に述べているので、あらゆる部分が重要なのだ。次の格言では、不滅のようなものという、もうひとつの定義が出される。世俗の関係は一時的だ。遅かれ早かれそれは、愛する者も愛される者も消えるという明らかな理由のために終わりを迎える。愛する者も愛される者も消えるということが明らかだからだ。それとは別に、愛する者と愛される者とのあいだに起こる状況の変化、そしてその終結があるだろう。至高の愛が存続するには三つの要素が必要だ。愛の対象が、それは神ご自身だが、不滅であること。愛する者（信者）も神ご自身の大事な一部なので不滅であること。そして彼と対象とのあいだにその関係の終結をもたらす外的状況がまったくないこと。これがアムリタ・スワルーパ、けっして終わることのないものだ。ここでは愛する人と「愛される存在」とその関係すべてが永遠不滅なのだ。

世俗の愛と神に向けられる愛とのあいだには、さらに類似点がある。両方とも満足感・幸福感・歓びの感情などがあるところはよく似ている。しかし、世俗の愛は第一に壊れやすく、第二に熱意は果てしないが最高の状態にはとどかず、第三に永遠でない対象に向けられている。これらは、われわれが世俗の愛を経験する際の三つの要素であり、神性の愛の経験においてはどれひとつとして存在しない。それは、これら三つの性質すべてから解放されているのだ。バクティが意味する考えを明確にするために、神性の愛がどのようなものかが示されているのだ。

われわれの普通の愛が神のほうへ向けられれば神性の愛とかバクティになると、非常にしばしば言われている。しかし必ずしもそうではない。なぜなら、その向けるということはわれわれの努力であって、これは自分の努力に大きく依存することになるが、信仰はわれわれの努力ではない。それはわれわれの本質なのだ。これは、もうひとつの非常に明確な特徴だ。バクティは、実は、われわれが神のほうに注意を向けようと努力することではない。低い段階のバクティには、それもあるだろうが、成熟した境地に入ると心の方向は問題ではない。方向ではなく、心は永久にそこに鎮《しず》まるのだ。なぜ「彼」の中に鎮まるのだろうか。神は心の本性だからだ。信者・信仰の対象・信仰の感情、これらがひとつに融合するのだ。これが、われわれが今論じている真のバクティだ。これはすでに話したことだが、もう少し意味をはっきりさせるために、つけ加えた。

真の信仰をどのように理解したらよいのだろうか。そのことが次の格言で述べられている。それを得ると、人はシッダー（完全）になり、アムリタ（不滅）になり、そしてトリプタ（完全な満足）を得る。これらもまた非常に意味深い表現だ。

四、それを得ると、信者の目標は満たされ、不滅になり、そして完全に満足する。

第一にこの信仰を得ると人はシッダーつまり完成に達する。この場合のシッディ（完成）は、誤って超能力と理解されているシッディとは違う。あれもやはりシッディと呼ばれている。本来のシッディは目指す目標への到達という意味だ。人がシッダーになれば、彼は目ざす目標を得るのだ。しかし、そのとき目ざす目標は他の何ものでもなく、神のみでなければならない。

超能力もシッディと呼ばれる。これは信者が修行中にときどき獲得する特別な力だ。これは信仰者の人生の中でときおり現れるものだが、彼はけっしてそれを身につけることを目的としてはいない。これはつねに心に留めておくべきことだ。なぜなら、信仰者は何かの超能力を持っているはずだというような一般的な先入観があり、いたるところで人びとがこういう力を持っている人あるいは持っていると思われる人を追いかけているからだ。しかし、はっきりと理解しておかなければならないことは、このような力は信仰とは何の関係もない、むしろしばしばその反対であるということだ。もしそのような力が見られたら、そこには信仰はないということだ。もし超能力があっても、それを持っている人がそれを活用しないのなら、彼にとってそれはそこに存在しないのと同じことだが、このような力を意識して使うということは、信仰者の場合にはけっしてあり得ないのだ。ゆえに信仰者は、このような力を追い求めて道を誤らないように気をつけなければならない。それは彼を迷わせ、目標を見失わせるだろう。必ずそうなるのだ。しかしここで疑問が起こる。古来の偉大な宗教家や預言者たちの人生には、しばしば超能力の発現が見られる。イエスの人生を例にとってみても、超能力に関するたくさんの話が聖書の中に書かれている。

シュリー・ラーマクリシュナの人生においても、あるときドッキネッショルの寺院を訪れたひとりの男が彼の部屋にきて「ここに人の病気を治すことのできるパラマハンサがおられるそうですが」とたずねた。するとシュリー・ラーマクリシュナは非常にあわてて「いや、いや、それはここではない。あそこに行きなさい。あそこに、そういうことをする人がいる」とおっしゃった。なぜそうおっしゃったのだろうか。神聖な人間がそんな力を持つと考えただけで、彼の心は乱されたのだ。そういう言葉を耳にしただけで、彼は不安になられたのだ。彼はしばしば「人が八大神通力のうちの、たとえひとつでも持っているあいだは、彼はゴールからはほど遠いところにいるのだ」と言っておられた。

ではなぜイエスなどの神通力行使の物語が残っているのだろうか。それは、われわれ一般人がこのような力を愛するからだ。われわれはつねにこのような力を持ちたがり、またその力によってこの世の何ものかを得たいと思っている。ちょうど病気を治すために名医を探し求めるように、同じ目的で聖者を探すのだ。これは信仰とはまったく関係のないことだ。かつて、競馬の勝ち馬の番号を言い当てるという、いわゆる聖者がいた。彼の家の前には、彼に会うために人びとが押し寄せていたそうだ。人びとがきて、彼が何かを言う。彼らは勝つこともあれば負けることもあっただろう。しかし、そこには欲望が渦巻き、大混雑となっていたのだ。彼はボンベイ（現ムンバイ）の近くのアーシュラムに住んでいたが、ただ勝ち馬の番号を知っていくらかの金を得るために、その家の前は順番待ちの人びとの自動車の行列ができていた。

これが何か信仰と関係があるだろうか。まったくない。このようなことは、世の中にたくさんある。これらすべては、真の信仰とは何か、真の神の愛人から何を期待すべきであるか、ということをわれわれがなかなか理解できないことの例証だ。われわれはつねに、この世の目的をかなえるために聖者を利用しようとする。これが、人間の弱点だ。

われわれが論じようとしているシッディはそのようなタイプのものではない。このシッディは、理想の実現を意味する。その理想は完成、つまり神への完全な没入、完全な帰依だ。これが、ここでとり上げられているシッディだ。そして、このような信仰を得た人がシッダーになる。完成された人、完全な人になるのだ。何において完全なのか。神への愛において完全なのだ。他のいかなる意味、いかなる超能力においても完全でもない。神性の愛がかかわるものにだけ限定された完成だ。

その意味は、愛を獲得したのちにいかなる種類の限定もあり得ないということだ。信者の神への愛は無限だ。神が無限であるように、彼の愛も無限なのだ。これがシッディの意味するものだ。

そして、アムリタ・バーヴァティ、彼は不死になる。この不死は肉体の存続を意味するのではない。それは明らかに不可能だ。われわれが維持を切望するこの肉体が永遠になるということではない。われわれは今のままの形で永遠に生きるという意味の不死を考えている。仮に、この肉体にはとどまっていなくても、ある精妙な体を得て、不死を楽しみ、天国に居る不死の天使とか神々のようになることを想像している。

それは神話だ。信仰者が念願するのはこのような不死ではない。信仰者にとっては、肉体への執着が完全に消え、それとともに死への恐怖が消えるのだ。彼は死の恐怖から解放される。結局、死とは何であるか。死とは肉体から離れること、つまり肉体や感覚やわれわれが慣れ親しんできたエゴなどを奪われることだ。肉体、感覚、エゴとのつながりがなくなることが死だ。

信仰者は、この世のものへの、この種の執着が完全になくなるという意味で、不死になるのだ。死は存在しなくなり、彼は不死になる。死への恐怖は完全に除かれる。肉体的に不死になるからではない。彼は純粋な霊になり、それを限定し、それを不純にし、それをしばり、それを何か限定されたものに、何か低いものに、この世の事物に執着するものに見せているところのいっさいのものに対する執着を持たないからだ。そういうものが完全に消えて、不死になるのだ。

シュリー・ラーマクリシュナは、あるときスワーミー・ヴィヴェーカーナンダ（当時はナレーンドラと呼ばれていた）に「愛のネクターがビンの中に入っているとしたら、おまえはどのように楽しもうと思うか」とおたずねになった。ナレーンドラは「私はネクターの入っているビンのふちに座って、そこから吸いましょう」と答えた。師は微笑され「なぜ、中に入って吸わないのか。ビンのまん中に入って吸えばよいではないか」とおっしゃった。「いいえ、そんなことをしたら死んでしまいます」シュリー・ラーマクリシュナは「そういうものではないのだよ。人はその愛に溺れてもけっして死にはしない。それはアムリタ、不死そのものなのだから」と笑いながらおっしゃった。バクティは不死であり、それを味わう者も不死となる。対象が不死であり、それを経験する者も不死になる。その愛はけっして彼からとり上げられることはないからだ。彼はその愛を永遠に楽しむ。なぜ、そうなのか。それは、この愛がその人自身から区別のできないものだから。彼がそこに居るかぎり、彼の愛も彼とともにあるのだ。

そこにはさまざまな意味が含まれている。そのひとつはわれわれの努力によって、つまりわれわれの行為の結果として得られたものはいずれ失われる。ウパニシャドには次のような説明がある。「ちょうど農夫が作物を育て、収穫しても、生産されたものは何であろうと必ず消費しつくされる」このようにわれわれの行為の結果あるいは果実はすべて、一時的なもの消費されるものと決まっている。しかしこの愛は、われわれの活動の結果あるいは行為の果実（カルマ・ファラ）ではない。したがって行為の果実のように消費されることはない。それは行為の果実ではないのか。違う。それはただ、われわれから不純さや心を奪われている妄念、そしてそのためにこの愛の経験を邪魔する観念を除くだけだ。これらすべての不純性と不完全性がとり除かれて、愛が啓示されるのだ。愛はけっして結果ではない、それは永遠に存在する。われわれがそれを経験することができないだけなのだ。それは結果ではないから、けっして失われることはない。

われわれが楽しみ、好む感覚器官の対象物はどんなものでもわれわれに永久的な効力を持つものではない。われわれがそれから離されると、その感じは消滅する。例えば、私は甘いものが好きだとする。甘いものを食べて楽しんでいるとき、私は喜びを感じる。しかし、この感じは感覚器官と対象物との接触によって、その感じが続いているあいだにかぎられる。対象物か感覚器官のどちらかがとり除かれれば、その感じも消える。

神性の愛はそのようなものではない。だから、この愛は自然界の死のように外部環境に依存することはないと言うのだ。それはそこにある。それはわれわれの本性そのものである。私が私にとって永遠に存在するように、この愛もそれとまったく同じように、私とひとつのものとして、私の内に存在する。なぜなら、私の本性は、その愛と同じ性質のものであるから。

聖典に述べられているように、「かの至高の愛と歓びからこの世は生まれる。それの中に、全世界は存在する。そしてついには、その歓びの中に、この世界は解消する」（タイッティリーヤ・ウパニシャッド六）この歓びが神ご自身であり、神性の愛なのだ。

これが実在である。実在でありまた、私の本質である。したがって私はけっして「それ」から離されることはない。しかし、今私が離されているのは、どういうわけだろうか。いや、私は離れているのではない。

他のものに心を占領されて、そのために忘れてしまっているのだ。熟睡中には、自分を忘れているが、それは自分がいなくなったということだろうか。いや、そんなことはあり得ない。もし、私がなくなったのなら、私の継続の意識は失われただろう。しかし私は、同じ私が目の覚めているときの世界を経験したこと、同じ私が夢の中では夢の世界を経験したこと、そして同じ私が熟睡中にはどちらの世界も経験しないで存続していたことを記憶しているのだ。自分自身がなくなったという経験をする者はひとりもいない。これは誰にも経験できないことだ。なぜなら、これは、知るためにはある目撃者ある経験を必要とするできごとなのだから。このように熟睡は消滅ではない。それはひとつの制約にすぎない。つまり、私は覚醒状態という制約下に置かれており、夢の状態に制約されており、また熟睡状態という制約下にあるのだ。制約を除いてみよ、それでも私は存続する。その私が永遠の自己、永遠の愛と同じものだ。これは哲学的に理解されるべき推論だ。

この愛は、したがって、外からくる実体ではなく、経験する者の「自己（アートマン）」なのだ。これは非常に重要なことであって、その意味は第三の格言「それは不滅のようなもの」によって理解することができる。

ひとたび、この愛の味がわかると、魂にとってこれ以上ほしいものは何もなくなる。この経験に加えることのできる経験は何もない。この歓びは無限であり、何ものによっても増やすこともできなければ減らすこともできない。

次のポイントはトゥリプタ・バーヴァティだ。彼は満足する。それはどういう意味だろうか。彼はすべての欲望から解放されるということだ。不死がすでに説かれた。当然の結果として、彼はすべての欲望から解放されるという宣言がくる。それが、トリプティつまり満足の意味だ。われわれが特定の食物への欲求を持っているとする。その食物を得ると満足する。それを食べたいという欲望は満たされて、われわれは満足したと言う。その欲求は消える。トリプタ・バーヴァティという言葉は求道者がすべての欲望から解放されたという意味で、満足した状態になることだ。

そこに欲望があるあいだは、完全な満足はあり得ない。どんなにたくさんの富や繁栄などを所有していても、心が欲望を持っているあいだはけっして満足することはできない。すべての欲望が心を去ったときはじめて、われわれは満足するのだ。人がこの神への愛を得ると、もはやどのような欲望も彼の心の中には起こらなくなるから、彼は満足するのだ。「ギーター」に、人がそれを得たときには他のいかなるものも持つ価値があるとは思わなくなると書かれている（ギーター六・二二）。これが、満足の意味するものだ。われわれはひとつのものに対しては満足を得ていても、他のものに対しては不満足であるかもしれない。しかしここでは、信仰者は完全に満足する。他の欲望によって、この満足をかき乱されることはない。それだからトリプタ・バーヴァティと言われるのだ。

ここでは次のような特徴が述べられている。まずシッダー・バーヴァティそれからアムリタ・バーヴァティそしてトリプタ・バーヴァティ。完全が、まずきてそれから永遠がくる。完全の獲得が一時的なものでないように、永続がくるのだ。私はアムリタであっても内に不満を持つかもしれない。だからトリプタ、満足があるのだ。そのような信仰は人を完全にし、不滅にし、完全に満足させる。

われわれが神人を見るとき、彼の中に何を見いだすか。彼が完全であること、そして彼が満足していることだ。私はここまで、完全・不死・満足が何を意味するか説明してきた。信仰に没入している魂は、これらの性質をそなえている。そしてわれわれが追い求めているような超能力とか長生きといった、けっして幸福をもたらすことのできないような数えきれないほどのはかない欲望には絶対にかかわらないはずだ。

五、この信仰を得たら、人は何も欲しがらないし、悲しむことも憎むこともないし、楽しむこともない。何かをしようと勇み立つこともない。

今まで見てきたように、この愛を一度味わうと、魂には何ものへの欲望もなくなる。この経験につけ加えられる経験は何もない。この歓びは束縛されることはないし、限定されることもない。それは何ものによっても増やされることも減らされることもない。

この愛を得ると、彼の心は何ものへの欲望も起こらないし、何ものの喪失も悲しまないし、何ものへの嫌悪も起こらない、そして何かに魅力を感じることもない。彼は何か他の行為に熱中することはない。自分の最大の願望が満たされたとき、その上にどのような願望があり得るだろうか、という意味でこれは重要なことだ。「ギーター」の中では、われわれがすべてのものを持ち、すべての欲望が満たされるとき、それ以上の欲望は出てくることができないと言われている。それを得て、人はその他のものを、持つべき価値のある対象物、心が渇望するものとは思わなくなる。すべての欲望が満たされると、人はもうそれ以上の欲望を持つことはないのだ。信仰者は深く悲しむことはない。なぜか。彼はすべてのものを手に入れた、もうこれ以上得るべきものはない。そして彼が得たものは失われることがけっしてない。だから、そこに悲しみはないのだ。われわれの欲望は、われわれの不完全という感じからくるもので、自分の愛するものが失われるとき、悲しみがくる。この愛を悟った人の心にはもう欲望は起こらない。またこの愛は失われることはないので、彼は悲しまない。つまり彼は何も失うことはないのだ。この世で、彼はたくさんのものを失わなければならない。自分の肉体さえ、いつか無くなるだろう。しかしこれは彼にとって問題ではない。このようなものは、彼が得たものにくらべれば取るに足りないものなので、悲しみはないのだ。彼は満足している、永遠なる満足だ。彼に悲しみはあり得ない。

われわれの心には、欲望達成の邪魔になるものに対して嫌悪の感情が生まれる。自分が欲しいと思うものを手に入れる道に立ちふさがる人がいれば、彼を憎むだろう。信仰者は、この愛と永遠にひとつなので、彼と彼の愛のあいだには何の混乱もギャップもない。だから誰に対する嫌悪もないのだ。このような人が誰のことも憎まない理由がもうひとつある。彼は誰に対しても何に対しても反感や嫌悪感を持たない。それは明らかに、彼がすべてのことの中に神の御手を見、すべての生きものの中に神が宿っておられるのを見るからだ。従って、彼はいかなる嫌悪の感情も持っていないのだから、誰のことも憎みようがないのだ。

さらに、彼は得意になることがない。この得意という感情は、人がまだ所有しておらず、所有したいと思っているものを手に入れたときに起こる。このような信仰者の場合、得意になることはない。彼はすべてのものを手に入れたのだから、彼に得意という感情を起こさせるものは何もないのだ。

そして最後に、彼は何ごとに対しても熱中することはない。熱中は何かを行うようにわれわれを鼓舞することを意味する。何のために努力するのか。われわれは何かを成就するために行動する。しかしバクタは、すべてのものを手に入れているので、他の何かの成就を求めてさらに熱中することはない。これに関しては疑問があるかもしれない。もし人がこれらすべての特徴を得たら、彼の人生には何の意味があるのか。彼は一個の石のようなものだろうか。いや、そうではない。彼が何かを成就しようとして努力し勇み立つことがないのは、彼が無気力で空っぽであるからではなく、いっぱいに満たされているからなのだ。彼は満ち足りているから何もしないのだ。海中に沈められたビンを想像してみよう、その内も外も水で満たされている。その水に動きがあるだろうか。ない。動きというのは、水が水のない所へ流れていることを意味する。動きはつねに一方を空にし、他方を満たすことを意味する。今、彼は内も外もその愛に満たされ没入しているので、どのような動きもあり得ないのだ。だから何かを得たいとか何かをしたいという気持ちは起こらないのだ。これは無気力な状態とはまったく異なることだ。無気力の状態はエネルギーが生みだされないことを意味する。しかし信者の場合は、動きはないがエネルギーに満ちている。彼はその愛に満たされているので、動きがないのだ。これが熱中の不在、何かを求めて勇み立つことのない状態の意味だ。

これらが信仰者の特徴、信仰の人のしるしだ。さらにこれらは、人がサーダナ（霊性の修業）すなわち信仰によって得なければならない資質だ。これがサーダナと呼ばれるわけは、完成された人つまりシッダーの特徴は、彼がおこなうべき修行の内容と同じだからだ。彼は自分の心から信仰以外のすべての欲望を除かなければならない。それが完全に成就したら、彼は何ものも欲しがらないだろう。神以外のものには何の執着も持たないだろう。ゆえに、何を失っても嘆かないのだ。これもサーダナのひとつの形だ。また、彼にとって他のものは取るに足りないものなので、彼は何ものも憎まない。憎しみは、誰かが自分の欲望達成の邪魔をしたときに生まれるものだ。彼はそのような感情を持つことはない。自分の信仰以外のものに価値を置かないので、何かを得ようという情熱は持たない。彼は何かをしようと勇み立つことはない。

これは一般には人びとが理解できないことだ。彼らは、世俗に縛られた自分の立場からだけ、ものごとを考える。だから人びとは、生きている者は当然これと反対の特徴を示すはずであり、それを持たないこの男は死んでいるも同然だと考える。しかし、ここに述べた立場から考えるなら、満ち足りた人が、不完全な魂に見られるような感情をまったく示さないわけが理解できるだろう。未完成の魂とその行動は、当然完成された魂およびその態度とは非常に違うだろう。人びとはこのことを理解せず、それが役に立たないなどと思うのだ。

私はたった今、大悟の人とそのサーダナのことを描いたドラマを読んでいた。彼は九年間、壁を見つめていたそうだ。それがおもしろく書かれている。そこへ二人の友だちが彼に会いにきた。ひとりは彼を知っており、もうひとりは知らなかった。前者が後者に向かって「彼を打ってみろ、彼は何の反応も示さないよ」と言った。そこで後者は彼を打ったが、まったく反応がなかった。男は友に「君もやってみろ」と言い、友も試みたがやはり反応はなかった。「もう一度やってみようか」と最初に打った男が言い、再びもっと力を入れて打ってみたがやはり反応はない。今度は二人でいっしょに力のかぎり打ったが、かえってきたのは彼らがたたいた音だけだった。しかし、この人はついに意識を取りもどし「私は耳が聞こえないのではない、目が見えないのではない、生命なき物体ではない、私は悟りを得たのだ」と言った。まあ、これは悟りの人をテストするとても奇妙な方法ではある。皆さんの中にこのような方法でテストしようと思う人がどれだけいるか、私にはわからない。

しかしここで言おうとしていることは、悟りの人の反応は普通の人間のそれとは違うということだ。彼は自分の内部に不完全という感じを持っていない。だがそれは、彼がどこにも不完全を見ないということではない。彼は見る。そして彼が不完全を見たときには、その反応は、どのようにしてそれを完全にしようかということである。彼は自分のためにはすべてを得た。しかし彼の唯一の思いは、どうしたらそれを得ていない人びとを助けることができるかということだ。彼が、彼自身にとっては意味のない活動に入るのはそのときだ。ビンに水がいっぱい入っているときには、それは音をたてない。しかしその水を別のビンに注ぎ入れると音が出る。内部の満ちている人は自分自身のためにはどんな活動も必要としない。しかし、彼のまわりにいる不完全な魂たちの不幸を見ると黙っていることができない。そして彼は活動をはじめる。その活動は彼自身のためではなく、他者のためなのだ。

ここまでにすべてのことが語られている。信仰者が何も欲望を持たないということは彼が自分自身のために欲望を持たないという意味だ。彼が何を失っても悲しまないということは自分自身のために悲しまないという意味だ。彼は自分自身のために何かを獲得しようとして勇み立ったり得意になったりすることはない。彼は個人的な利益のために行動しようとは思わない。だからこれらすべては、彼自身の特徴と見なされなければならない。

彼が木の切り株や石のようになるという意味ではない。そうではなくて、内部にいかなる利己主義も持っていないということだ。だから彼は自分のためではなく、他者のために働くのだ。あらゆる種類の困難がバクタの人生に現れるかもしれないが、これらはすべて別の見地から理解されるだろう。

六、それを知って、信者は酒に酔った人間のようになり、生気のないもののように、すべての行動から解放され、自身の「自己」の中にすべての歓びを見いだす。

前の格言の中でナーラダは、信者は憎まない、得意にならない、何かをなしとげようとして勇み立たないなどのような否定的な表現を使っていた。この章では表現がすべて肯定的だ。それを知ることによって求道者は完全に没入し、その歓びに気が狂ったように浸りきる。彼が完全に夢中になる状態はまるで狂気のようだ。酔っぱらいが外界のことがわからなくなるのと同じように、悟りの人も狂ったようになり、歓びに夢中になる。周囲のことがわからなくなるのだ。

信仰者が神を求めて狂喜し酔ったようになるとしたら、彼は粗暴になるのだろうか。まったく違う。彼は満ち足りて不活発となり、活動表現をしないのだ。なぜ彼は無活動なもののようになりたいのだろうか。彼は自分自身の内なる歓びの中に没入しているからだ。これは、彼の歓びが彼の「自己（アートマン）」から発せられているということだ。彼の幸福はいかなる外部の環境からきたものでもないし、依存もしていない。それは彼自身の「自己」から出ている。だから、これは必然的な特質なのだ。

ウパニシャドの中に、この点が別の方法で説明されている。聖者ヤジュウナヴァルキヤが、知識の道で悟った人の状態を説明していたとき、それは意識を持たないものとして描写される状態だと言った。マイトレイー（彼の妻）は、それを聞いて混乱し、「そういうことになって、何がおもしろいのでしょうか。私はそんな境地をよいとは思いません。ただの活力のない生きもの、生気のないものになるのでしょう。そんなもののどこがよいのですか」と言った。そこでヤジュウナヴァルキヤは、ものの意識がないときに重要性をもつことだと説明した。対象物の意識は対象が重要であり、意識がそれらに依存していることを意味する。しかし、この独特な場合の状態は何ものにも依存していない。

ヤジュウナヴァルキヤはこの場合は、現れたり消えたりする観念の消滅という意味での単なる意識の喪失であって、その観念の認識者が失われるのではないということを、マイトレイーに理解させるために、さらに説明しなければならなかった。ここで意識というのは、対象物の意識つまり限定された意識の断片だ。それがこの場合の意識の意味だ。

さてここではバクティ・ヨーガであるから、われわれはこのことを別の角度から考察している。信仰者がこの状態に達すると、彼の歓びはいかなる外部の環境にも依存しないので、その歓びは永遠だ。なぜなら、喜びまたは幸福が外部の環境に依存している場合には、その環境が変われば、喜びも消える。しかしこの場合には、歓びはいかなる外部のものにも依存しないから、彼の歓びを限定することのできる条件はまったくない。この歓びは無条件であり、したがって絶えることがなく、限定されることもない。これがアートマラーマという言葉によって表されているものだ。もしアートマラーマと呼ばれるものでなければ、それはたぶん普通の無気力不活発であるか、または単なるマヒ状態か狂気だろう。ゆえにそれをこのようなものから区別するために、「自己」からくる歓びという意味のアートマラーマという表現が使われているのだ。

信仰者は神の悟りの歓びに完全に没入し続けなければならない。これは信仰者が持つことのできる最大の魅力だ。しかしそれにもまして、もしそれが彼にとって非常に望ましい状態であるなら、そして彼が他者に対して温かい心を持っているなら、当然彼はそれを他の人びとと分かち合いたいたいと思うだろう。そして、自分がその境地を得たことによって幸せであるだけでは満足せず、他の人びとがそれを得ていないことを悲しく思い、彼らがその状態を悟ることを助けるために、時間とエネルギーを捧げるだろう。

しかし、信仰者は必ずこのようであるというものではない。シュリー・ラーマクリシュナはしばしば、人は神に近づけば近づくほど外的な活動は少なくなり、ついに「真理」を悟るとその経験の中に浸りきってしまうと言っておられた。これはやや低いタイプの人びとであって、彼のお心の中にはもっと偉大なタイプもあったのだ。普通の人びとはそのレベルまで上る素質を持っていないから、彼はそのような人びとの前ではその話をなさらなかった。それは並はずれた偉大な魂に向けられたものだ。人は自らの救いを成就すれば、それで十分だ。しかし自らが救われたのちに他の人びとも救われるようにと助けるのは、さらに偉大なわざである。それはさらに偉大な状態、もっと高い段階だ。

ブッダはニルヴァーナ（解脱）を得たあと七日間、その歓びに浸っていたと言われている。その後、外界の意識がもどった。そのとき彼は自分のまわりに不幸を見た。かつて、その不幸が彼に解脱を求めることをうながしたのだが、その解脱を得て、それに非常に深く没入したので七日間そこから抜け出すことができなかったし、世の中の不幸のことも彼の心から消えていた。七日後、その没入が普通のものになったとき、彼はまわりを見まわして、すでに身近なものであった世の中の不幸を見て、他者を導こうとしたのだ。

これが行動の始まるようすだ。しかし悟りを得た魂の行動と目覚めていない魂の行動のあいだには、基本的な違いがある。悟った魂の行動は、自分自身のためではなく他者のためのものであり、一方目覚めていない魂の行動は利己的で自分自身のためのものだ。これが基本的な違いだ。

もうひとつ大切な点がある。悟った人がつねに他者のために行動するというわけではないことだ。必ずそうするというわけではない。もし人が完全性という悟りを得て自分自身の中に没入してしまったら、彼は再び活動的な生活をすることはないかもしれない。「かもしれない」のだ。しかし「絶対しない」というようなものではない。彼は降りてきて他者を助けようとするかもしれないし、自分の悟りの中に没入したままでいるかもしれない。シュリー・ラーマクリシュナは他者のために降りてくる人びとの方に大きな信頼を寄せておられた。完全性という悟りを得て外界の意識に降りてこない人も、立派な人だ。彼はゴールを獲得した人として尊敬を集めるだろう。しかしシュリー・ラーマクリシュナによると、他者を助けるためにその完全性という完璧な歓びを諦める人はもっと偉大な魂だ。だが、すべての人がそのもっと偉大という範疇にはいれるわけではない。求道者が自分の解脱を追求するのは申し分ないことだ。かりに彼がそこで止まったとしても、それは彼から賞賛に値する資質をとり上げることにはならない。人が他者のために自分の歓びを抑えるなら、彼はさらに立派であるということだ。

このように偉大な魂はまれな存在であり、最高の霊的理想がいまだ見失われていないのは、彼らのおかげだ。もし偉大な魂たちが降りてきて、迷える魂たちを助けなければ、理想は完全に見失われていただろう。なぜなら、悟りを得た人は、世間に対しては死んだも同然となり、世間はそのような境地を判定する立場にはないのだから。彼が降りてきて、自分の境地とそれにいたる道を人びとに説き聞かせたときにはじめて、そのような境地の偉大さは理解されるからだ。そうでなければ無理なのだ。

他者のために自分の歓びを放棄する人と、自分の悟りを追求する人は両方とも偉大だ。しかし、どちらかと言うと前者の方がもっと偉大だ。スワーミー・ヴィヴェーカーナンダ（ナレーンドラ）の生涯に次のようなできごとがある。ナレーンドラはサマーディの歓びの中に没入し続けたいと思った。シュリー・ラーマクリシュナは彼をお叱りになって「私は、お前がもっと偉大な人物で、広く枝をひろげておおぜいの旅人たちがきて憩える木陰をつくるバンニャンの大木のようになるだろうと思っていた」とおっしゃったのだ。つまり、不幸な人びとが苦しみを免《まぬが》れるように彼らを助けるのではなく、お前は自分の歓びに浸りきっていようというのか、それは見上げたふるまいではないぞ、と言われたのだ。シュリー・ラーマクリシュナはスワーミージーを、最高の基準で評価しておられたのだ。スワーミージーもやがてこのことを理解し、のちには自ら「最後のひとりが解脱するまで、私は解放されようとは思わない」と言った。これが、スワーミージーが表明した願望だった。まさに、シュリー・ラーマクリシュナにもっともふさわしい弟子だったのだ。

七、信仰は感覚器官の完全な制御によって得られるものだから、何ものも要求しない。

われわれは六つの格言をすませた。これから第七を始めよう。信仰のさらに詳しい説明だ。ナーラダは前に、信仰を得た人の特徴を述べていた。彼はここで、信仰の性質をもっと詳しく説明している。信仰は、欲しいものを得るための手段として使われるものではない。それはニローダ（停止、〜しない）のようなもの、つまり欲望の断絶であるからだ。真のバクティが人の心の中に生まれると、すべての欲望が完全に消滅する。信仰の性質はそのようなものであるから、それはいかなる欲望達成のための道具になることもできない。信仰の意味そのものが、すべての欲望の否定なのだから。この二つが両立するはずはないのだ。欲望と信仰の両立、または欲望達成のための信仰、これは不可能なことだ。

われわれは通常、何かの目的達成のために神に祈る。自分の努力ではあるものを得ることが難しいと思うとき、他に方法が見つからないとき、神の恩寵によってそれを得ようとして祈る。それは富であったり地位や名声であったりするだろう。われわれが欲しいと思う世俗のものは多種多様で欲望にはかぎりがない。またそれがどんなに急速に増えていくものか、考えもおよばないほどだ。普通の人間にとって、そのような欲望の成就を神に祈るのは自然なことだ。しかし、そのタイプの信仰はわれわれがいま論じている信仰とは違う。ここで信仰は至高の愛（パラマ・プレマ）であると説かれているのだ。これは、いかなる欲望とも両立できない。それだから、信仰はすべての欲望を否定するものであるから、欲望を成就するためのものではないと言われているのだ。真の信仰を理解するためには、これは非常に大切なことだ。

「ギーター」の中では、信者は四種類に分けられている。（七・一六）

(一) 苦悩を持つ人。彼は悩みから救われることを神に祈る。
(二) 自分では解明することのできない創造の秘密、宇宙の神秘、彼自身の神秘などを知りたいと思う人。彼も神に祈る。このタイプの信者は探究心が強い者、知ることを欲する者と呼ばれる。彼も信者である。
(三)得る甲斐のある何ものかを欲する人。彼はある必要を満たすために祈る。彼は神の恩寵によって、「彼」の祝福によって何かを成就したいと思う。
(四) 神が、得る価値のある唯一の対象であることを知る信者。彼の信仰は自然に神の方へ行く。

これらは信仰者の分類だ。「ギーター」の中で、彼らは神への信仰を持っているので、みな偉大だと述べられている。しかしそれでも神が唯一の得る価値のあるものである、われわれのすべての知識の成就であるということを悟った知識の人は、もちろん他との比較を絶している。知識の人は「私の自己」である、と神は断言している。『私』は彼を『私自身』だと思っている。ゆえに『私』は彼にとって最愛の存在であり、彼も『私』にとって最愛の存在なのだ」(七・一七、一八) これは、最高の段階にあるのはギャーニ (知識の人) であり、他はもっと低いレベルだということだ。この格言ではそのことが別の形で表現されている。われわれが神を目的としてではなく、手段として探し求めているあいだは、真の信仰者と呼ぶことはできない。真の信者は神を手段とはしない。彼にとっては神そのものが目的なのだ。信仰と欲望はけっして両立しないから、この信仰の正しい形は手段ではなく、それ自身が目的だ。なぜなら、一方は他方の否定であるから。信仰のあるところには、もはや欲望はない。信仰はすべての欲望を否定することであるから、それはいかなる欲望達成の手段でもないということが、この格言において強調されているのだ。これが重要な点だ。

これが、われわれの信仰が本物かどうかを判定する基準だ。もしわれわれの信仰が本物なら、われわれは神に何ひとつ、生死の輪廻《りんね》からの解放つまり解脱さえも求めないだろう。真の信仰者はそれどころか、信仰から生まれる幸福さえ求めない。もし歓びや平安を経験するために信仰を持ちたいと思うなら、そのような信仰はそれ自体が目的ではなくなり、それは手段となる。真の信仰者はそのようなものではない。われわれはよく「私は平安を得ていない、信仰さえ持つことができたら心が安らかになるだろう」などと話す。それはそれでかまわないが、その信仰は最高の信仰より、はるかに低い段階のものだ。正しい形の信仰の場合、信仰それ自体が目標だ。スワーミー・ヴィヴェーカーナンダは、彼の「バクティ・ヨーガ（愛の道）」の中でこの点を強調している。そこに少しでも欲望の痕跡《こんせき》があれば、たとえそれが最高の種類のものであっても、それはやはり欲望なので、信仰の否定なのだ。しかし、シュリー・ラーマクリシュナは何と言っておられるだろうか。「バクティを求める願望は欲望ではない」と言っておられるのだ。これは一種の論理的なこじつけのようなものだ。信仰は欲望の否定だから、バクティを求める欲望は欲望ではない。信仰への欲望は欲望の否定への欲望だ。それは、その欲望は欲望ではないということをはっきりと示している。

ゆえに、信仰は二つの種類に分けることができる。ひとつは道（途中）、もうひとつはゴール（到達点）だ。われわれはその全域を信仰という言葉でおおまかに総括している。途上にあるあいだは、心中にある対象物を信仰によって獲得しようと望むのは当然だ。しかし、ゴールに到達すれば、最高の序列に属する願望さえ消滅するだろう。

だから、信仰は欲望の否定であるという、この特質は覚えておくべきだ。それは欲望の停止のようなものだ。何を停止するのか。それについては、次の格言で述べられている。

八、ニローダ（停止、～しない）は、ヴェーダの指令や世間の習慣などすべての行為を放棄することを意味する。

ここで言う停止は、「～しない」という意味だ。ヴェーダや世間の習慣によって指示されている行為を避けるということだ。ヴェーダが命じている、これをせよ、これをするなという命令は完全に避けられなければならない。世俗的な目標の追求も慎《つつし》まなければならない。救済、解脱、または多様な目的の成就というような、ヴェーダがわれわれの前に示しているさまざまな目標、これらすべてが避けられなければならない。一般の人びとが欲するものを得るために、または世間一般の判断に従ってわれわれが行う外面的活動も避けなければならない。人は公衆の意見に従って、このように行動すべきである、あのように振まうべきであるということは避けなければならない。このような世間の命令に従うことには必ず隠れた動機があるからだ。われわれは、ヴェーダに述べられている行為の果実を得るために、その命令に従うのだ。世間から善く思われようとか、人びとの承認を得ようとか思ってその意見に従うのだ。このようなことはすべて信者の生活から除去されなければならない。これは非常に重要なことだ。なぜなら、通常われわれは、それがヴェーダの命令であれ社会の意見であれ、これらの「せよ、するな」の奴隷になっているからだ。

われわれはこれらの命令に盲目的に従っている。それらに従っていれば、ヴェーダに述べられている利益を得るか、社会の承認を受けるからだ。われわれは人びとから賞賛を受けることや、自分の評判が上がることを楽しんでいるのだ。このようなことはすべて、避けられなければならない。

信仰の人は、そのようなものに影響されない。彼の行為は聖典の命令や社会の意見に左右されない。その意味は、彼が何か善いことを、または聖典に命じられていることをする場合、それは聖典に命じられているからするのではなくただ習慣によってするのだ。ものごとをそのように行うのが、彼の習慣であるから、そうするのであって、聖典に命じられているからではないのだ。世間から善行として讃《たた》えられているようなことをする場合も同じだ。彼は長いあいだそのような習慣のもとに生きてきたから、正しい行動が彼にとっては自然なものとなっているのだ。彼がそうするのは、一定の判断によるものでもないし、神や人びとから報償を得ようという目的によるものでもない。

彼がヴェーダの教えに反した行いをしようとしているわけではない。しかし、主人の命令に従う奴隷のように、ヴェーダの命令に従っているのではない、それは自発的ではないから。生来善なる人は、善いことをしたいからするのではなく、善行が彼の内なる「自己」から流れ出るのだ。したがってそこには、善いことをしようという自分の努力はない。これは、彼が善いことをする意志がないということではない。彼はヴェーダによって命じられている、あるいは人びとによって賞賛されている善行を目指して努力しようとはしないのだ。これは覚えておくべき重要な点だ。

「バーガヴァタ」の中に、そのことが美しく述べられている。シュリー・クリシュナの笛の音に惹かれて、ゴーピーたちが彼のところに行ったとき、シュリー・クリシュナは彼女たちを試して「君たちはなぜ、この真夜中に深い森までやってきたのか。第一に、君たちは自分の家を出てしまった。家の人たちは君たちを非難して文句を言うだろう。君たちは家族につくし、家事にたずさわるべきだった。それなのに、自分の義務を無視している、これは非難されるべきことだ。そして第二に、森の中には野獣がたくさん居て、たいへん危険だ。だから早く帰って家の仕事をしなさい」と言った。ゴーピーたちは「私たちの心はちゃんと家の仕事をしておりました。ところが、あなたが私たちの心を盗んでおしまいになったのです。そこでは手が、家の仕事をしておりました。今はその手が力を失いました。足も動く力を失いました。どのようにして帰ったらよいのでしょう。私たちの足は動きません。私たちの手は動きません。どうして家の仕事をすることができるでしょうか。私たちの心は盗まれたのです。どうしてその心を、家のしごとにつかせることができるでしょう。私たちはどのようにして家に帰ったらよいのでしょうか。もし、なんとかして家に帰ったとしても、そこで何をしたらよいのでしょうか」と答えた。

このことが感動的に述べられている。心が神に集中すると、その人にとっては、聖典に命じられていても、社会の意見によって認められていても、義務を行うことはできなくなるのだ。わがままから仕事を怠けるのではなく、彼がそのような仕事をするには適さなくなるからだ。仕事をする能力がなくなるのだ。そのような目的のために働くべき心が神に没入してしまい、心が神に没入すると他の感覚器官もまともには働かなくなるからだ。ゴーピーたちは、このことをシュリー・クリシュナに伝えたかったのだ。

これが、信仰者の上に起こることだ。他の務めができなくなるほど、彼の心は神に没入する。心に神以外の何ものも持たないということだ。

九、信仰には信仰以外のすべての事物の停止と、それに反するものへの無関心がある。

信仰は「ニローダ（慎む）のようなもの」だと、前に述べられた。何からの停止か。それに対するさらなる説明がここになされている。それはアナニヤタ、神への全心集中、神への完全な没入だ。つまり、心の中に神以外の何ものも持たないこと、神以外は何ものも存在しないことだ。これはニローダの一面であり、他の一面は、それと反対のもの神への信仰の流れを邪魔するもの、そのようなものすべてへの興味の喪失も含めての消滅だ。われわれの心は快楽の対象物に向かって流れる傾向性を持つ。快楽の対象物へのこのような執着は、心が神のほうへ流れることに反対する。だから心が神のほうへ流れることをはばむ障害物に対して離欲の念がはたらくのだ。

シュリー・ラーマクリシュナはヴァイラーギヤ（離欲）について次のように説明された。「ヴァイラーギヤは一見、単に世間の事物からの無執着を意味するように思われるが、それはこの言葉の完全な意味ではない。感覚器官の対象物への無執着と並んで神への執着と愛がなければならない」もしわれわれの離欲が、同時に神への愛と結びついているものでなかったら、その無執着は正しい形の離欲ではない。人は人生に失敗して、そのために快楽の対象物からの離欲や嫌悪のような形をとることもあるのだ。心が神に惹かれて夢中になっていなければ、それは真の放棄ではない。もし心は神に惹かれていても、まだ感覚器官の対象物への無執着が生まれないなら神に向かう心はそれだけ妨げられるだろう。

ゆえにこの二つは共存しなければならない。ひとつは積極的肯定的な態度であり、もうひとつは消極的否定的な態度だ。第一に、心がひたむきに神に集中しなければならないという意味では積極的だが、第二に、心を神からそれさせるものに対しては完全に無関心でなければならないのだ。それが、放棄と呼ばれるもの、ニローダ（慎む）の意味だ。ニローダは一見消極的な言葉のようだが、それは必ず神への愛という積極的な面を伴っているべきなのだ。神への一点集中と、それとは逆のものごとへの無執着という意味だ。ほとんどの本に、ヴァイラーギヤは放棄のことだと書いてある。放棄は感覚器官の楽しみへの無関心、拒絶を意味する。しかしシュリー・ラーマクリシュナは、本物の放棄を作るのは、ただ感覚器官の楽しみの排除だけではない、心が神のほうへ向かい、神だけに集中するという積極的な一面も必ず伴っていなければならない、とおっしゃるのだ。

この二つは必ず共存しなければならない、片方がなければどちらも本物ではない。放棄がなければ信仰は本物ではなく、信仰がなければ放棄も本物ではないのだ。

この一点集中は神の悟りの成就に必要なただひとつの資格だ。「ギーター」（一二・八）の中に「つねに『私』のことのみを想い、他の何ものにも心を逸《そ》らすことなく『私』を瞑想するがよい、そうすることにより、君は疑いなく、これからつねに『私』の中に住むこととなる」と述べられている。神が彼のめんどうを見てくださるというのだ。しかし、人は神にめんどうを見てもらうために信者になるのだろうか。違う。真の信者は神から何ものも期待しない。「彼」の守護さえも期待しないのだ。では、それはどういう信仰なのだろうか。与える信仰であって、受ける信仰ではないのだ。彼は神に自分の愛を与える、そしてそれに対するいかなる報いも求めない。スワーミー・ヴィヴェーカーナンダは、彼の「バクティ・ヨーガ」の講演の中で「もし報いを期待するなら、それは単なるビジネスだ」と言っている。信仰にはビジネスのような取り引きはない。それは、何かを他の何かと交換するというビジネスの問題ではない。信仰者はただ自分の愛を神に与えるだけ、それに対するいかなる報いも期待しない。それは、報いを期待せず、ただ与えるだけの一方的なことがらだ。それが最高の信仰である。

この完全な没我性が信仰の純度を保証するしるしだ。信者は神からの報いを何も期待しないのだ。これはたいへんむずかしいことかもしれないが、このレベルまで自己を引き上げなければ、真の信仰者とは言えないのだ。そこに期待があるあいだは、多少の質の低下、あの最高の序列からの落下は免《まぬが》れない。そのことは、やがてもっと明確に述べられるだろう。

このように、バクティはここでいくつかの格言によって表現されている。第一は、信仰はすべての欲望の停止のようなものだから、信仰の中に欲望はないということだ。次に、当然のこととして、ニローダ（欲望の断絶）は社会の意見や聖典の命令が動機となる活動をすべてやめることだと言われている。聖典の命令とは、ある特定の望ましい対象物を得ることを意味している。そのようなものすべてを捨てるというのが、ニローダである。

一〇、信仰あるいは神以外のすべてのものに頼ることの放棄が、一点集中である。

一一、信仰者の行動は社会の意見やヴェーダの命令と一致したものであるべきだが、信仰の妨げとなるものには無関心でなければならない。

一二、人の信仰がしっかりと確立されるまでは、聖典の教えを守らなければならない。

一三、もしそうでなければ、理想を失うおそれがある。

前記四つの格言をまとめて話してみよう。

一点集中とはどういう意味だろうか。この章にさらなる説明がある。神以外のすべての対象すべてのものの追求の放棄、神以外のものに頼ることの放棄が一点集中と呼ばれるものだ。ヴェーダの命令を捨てること、そして世間の意見を捨てることが、述べられている。しかしそれだからといってそれらを全部捨ててしまえと言うのではない。聖典の説くもので、信仰の成長を助けるものはすべて捨ててはならない。それが聖典の命令であろうと、一般社会の通念であろうと、信仰の成長に役立つものであるなら、それらは捨てるべきではない。しかし、もしそれらが信仰の成長の妨げとなるものなら、それは歓迎されないものだ。さらに、われわれはそういうものに対して無関心でいるべきだ。ほんの少しでも、それらに執着してはならない。ゆえに、信者はヴェーダに従うべきではないと言っても、つねにヴェーダには反対せよという意味ではない。そうすべきではない。信仰の成長を助けるものは守られるべきであり、信仰の成長を邪魔するものであれば、無関心でいるべきだ。それらに従う必要はないということだ。

ヴェーダには、天国に行く方法とか、富を得る方法とか、子孫繁栄の方法などさまざまな楽しみを得る方法から、雨の神をなだめて雨を降らせる方法等々たくさんのことが述べられている。信仰者は、このようなものに関心を持つ必要はない。それらは信仰を深めるために必要なものではないから、守らないでよいのだ。しかし、信仰の成長を助けるような命令は、それが聖典の命令であろうと社会通念であろうと、従うべきであって捨てることはない。

これは用心深い表現だ。ヴェーダの儀式を守らないことも、一般社会の意見に従わないことも、ここでは用心深い言い方で述べられている。それらが信仰の成長を助ける場合にだけ従うということだ。ここに、さらなる警告が発せられている。人は、信仰が確立するまでは聖典の教えを守らなければならない。なぜなら、それは内部に信仰が生まれるのを助けるものであるからだ。しかし、すでに信仰を得た信者にとっては、聖典の指令は無益だ。それらはその目的を果たし、もはやそのような順守は必要ないのだ。

聖典の命令は、人の霊的成長に直接役立つかどうかは別として、信仰者が不純なものから自分を守るのを助ける場合もあるから従ったほうがよい。あるいは、それらを守らないことによって、彼は罪を犯したり、汚されたりするかもしれない。それらを守らないために自分を堕落させることもある。そのような堕落を避けるために、それらに従うべきなのだ。そうでないと、罪を招くおそれがある。だから、聖典が役に立つかぎり、それらの命令を守るべきだ。ヴェーダの教えを軽々しく扱ってはならない。人はそれを不純な気持ちで捨ててはならない。それらは、しかるべき敬意を払われなければならない。それが聖典についての指令だ。一般社会の意見についても同じことが言える。人が信仰を確立するまでは、社会の意見は尊重されるべきだ。

「ギーター」の中に「どんな人であろうと、一瞬たりとも何もせずにじっとしていることはできない。なぜなら、人間は生来持っているグナにより、どうしても何かをせずにはおられなくなるからだ」と言われている。つまり、行為は続けられなければならないのだ。しかし、ある行為は霊性の生活にとって役立つものとしてとり上げられ、それにとって有害なものは捨てられなければならない。われわれが何をすべきで何をすべきでないかということは、ただこの観点からだけ判断されるべきだ。

一四、社会通念にもまた従うべきであり、食事などの行為は肉体が存続するかぎり続けられるべきだ。

食事、睡眠、肉体の訓練などのような、身体を保つために必要な自然の活動は肉体が存続するかぎり続けられるべきだ。肉体があるあいだは、それを保持するために食べなければならない。だから食べることは続けられるし、他の自然の活動も続く。つまり、それらは無視されたり捨てられたりしてはならないということだ。肉体がある限り、その存続のためには生活を続けるのに必要なすべての行為が必要なのだ。しかし「なぜ私たちは生命の維持の心配などしなければならないのか。肉体は死なせておけ、何の問題があるか」と言う人がいるかもしれない。ところが肉体は、それによってわれわれが信仰を続けることのできる道具であるから、それは問題なのだ。もし肉体が死んだら、どうやって信仰を実践すればよいのか。だから、肉体の維持に必要なことはすべて続けられるべきであり、捨てられてはならないのだ。つまり自殺をしてはいけないということだ。すべての行為を捨てるということは、自殺することを意味する。

ゆえに、われわれは肉体を維持するためのルールを無視すべきではないのだ。人びとが肉体の維持に必要な健康の保持を怠《おこた》っているのが、ときどき見られる。そういうことはバクティ・ヨーガには命じられていない。われわれは衛生上の規則に従い、身体を健康に保つためのすべての条件を守らねばならない。そうすることによって、間断なく修行に時を捧げることもできるのだ。もし怠慢の結果、身体が病んだり弱ったりしたら、自分が苦しまなければならないし、霊的生活もそれだけ損なわれるだろう。だから当然、肉体の維持は注意深く続けられなければならない。スワーミー・ブラフマーナンダは「信仰者は、売春婦が自分の肉体を大切にするのと同じように、健康に注意しなければならない」とおっしゃった。肉体が衰えたら商売ができなくなるということを彼女たちは知っているからだ。同じように、もし信仰者の身体が病気になれば、彼の修行の実践も妨げられる。だからわれわれは身体を健康に保つための規則順守に対して怠慢であってはならないのだ。それは最大の注意をもって守られなければならない。肉体は、それを使って悟りを得るための修行の道具だから、自分の好みにまかせて軽々しく扱ってはならない。人はしばしば断食を続けて健康を害したり、さまざまな形の困難を身に負わせたりする。それは、われわれが信仰を続けるための道具の保持に影響を与えることなので、好ましくない。身体は大切にすべきだ。

そういうわけで、一点集中と言ってそれがさらに詳しく説明されているのだ。一点集中は、神の中に神だけの中に生きることだ。

一五、信仰の特徴は解説者によって、さまざまなのでさまざまな意見が述べられている。

この章では、信仰の道の数名の師の意見が述べられている。信仰についてのさまざまな定義が与えられているのだ。それらの意見には違いがあり、多くの定義がある。さまざまな師が信仰についてさまざまな定義をしている。やがてわかってくるように、それらのすべてが何らかの形で、われわれがバクティの明確な概念を作るのを助けてくれる。

一六、ヴィヤーサによると、バクティは（聖典に述べられているような）、礼拝などに惹かれることである。

ヴィヤーサは「プラーナ」の作者だ。その中で特に重要なのが、「バーガヴァタ」だ。聖典の中で、礼拝のうちの儀式的なものに惹かれることは、そのような行為を通して神への愛が生み出されるので、重要だとされている。初心者はもっと高い愛の表現を考えることができないので、彼らにとってこれらの儀式を順守することはたいへん重要なことだ。信仰の道における、このもっと高い愛の表現は出発点においては不可能なのだ。

一七、ガルガによると、バクティは神の化身のリーラー（お遊び）の話に惹かれることである。

バクティの解説者のひとり、聖者ガルガは、カタつまり神の御名や「彼」の性質や「彼」の伝記などを好むことが信仰だと言う。ここでわれわれは神への愛が、「彼」の賛歌を歌うことによって「彼」のさまざまなリーラーやさまざまの化身の生涯を聞くことによって、深められるということを知るのだ。

一八、サンディリヤによると、バクティは人の「自己」としての神への信仰であり、信仰の道に不利なものすべてを放棄することだ。

聖者サンディリャは自身のバクティ格言集を持っている。彼はバクティに異なる定義を与えている。彼は「自己」への執着あるいは愛が、バクティと呼ばれるものだと言っている。ここで言う「自己」は限定された自己ではない。神はすべてのものの「自己」であるから、「自己」への愛あるいは神への愛が信仰であり、これはさらにシンプルな発言だ。つまり、われわれの神への愛はわれわれの行動に現れるのだ。われわれの行為が、その愛の獲得を妨げるようなことは何ひとつしないという風であるとき、われわれは真の神の愛人であるのだ。

この格言と前の格言のあいだの違いは何か。前者は手段への執着だったが、後者は消極的な形で、われわれの神への執着を妨げないもの、有害でないものへの愛着が、バクティであると述べられている。これは消極的な表現だ。

一九、ナーラダは、信仰とはわれわれの行為のすべてを神に捧げることであり、われわれが「彼」を忘れたときのこの上もない不満であると述べている。

この章ではナーラダ自身の声明が述べられている。前三つの定義とは異なり、ナーラダはわれわれのすべての行為すべての活動が神に捧げられなければならないと言っている。それがバクティというものである。われわれの活動のすべてを神に捧げることなのだ。そして同時にもうひとつのポイントが述べられている。われわれが「彼」を忘れたときの、この上もない不満だ。この二つの面が、ナーラダの定義には含まれている。第一は、活動のすべてが神の足もとに献げられるべきである、つまりわれわれが行うことはすべて神への奉仕という形でなされるべきだということだ。

ごく普通の行為さえも神に献げられるべきなのだ。あらゆるものが神に捧げられなければならない。第二に、私は自分の行いのすべてを神に捧げているというだけでは十分ではないということだ。そのために忠告がある。もしわれわれが「彼」を忘れたら、そのときわれわれは極度の苦悩、神を忘れたことによって生じる心の苦しみを感じるだろう。それが信仰というものだ。

神を忘れたときにくる、自分が「彼」から離れていると感じる強烈な苦しみは、「バーガヴァタ」の中でゴーピーたちの行動を通じて描かれている。雌牛を連れて牧場に行っていたシュリー・クリシュナに一日中会うことのできなかったゴーピーたちは、彼が帰ってくると、一瞬といえども彼の姿を見失うことがないように彼を注視しつづけたいと思った。まばたきが起こると、彼女たちはなぜこの目がまばたくのかと言って嘆いた。目がまばたけば、その瞬間にはものが見えない、まばたきなどというものを作った創造主は、それが信仰者にどれほどの苦しみを与えるものかということをまったく考えなかったに違いない、その瞬間はまるでユガ（世界周期＝四つのユガ「周期」を含む）のように感じられる。たとえ一瞬間でも、それはひとつの時代のように長く感じられると書かれているのだ。これが、そこに描かれている苦しみの強さだ。そしてその強烈さが、信仰のほんとうの試金石なのだ。

このように、二つのことが言われている。われわれが生きているかぎり、すべての行為は神に向けられるべきである。「彼」に仕えるために「彼」を歓ばせるためになされるべきなのだ。そして心にその思いが消えると、強烈な苦痛を感じる。それが、バクティである。それゆえ、バクティは幸福の連続ではない。われわれは、バクティは歓びだけを与えると勘違いしているが、そうではない。それはまた、激しい苦痛を与えるものでもあるのだ。歓びだけでなく苦しみもあるのだ。その苦痛は実に激しく、他の何ものにも比べられないほどだ。もちろん、歓びもまた他の何ものにも比べることができない。信仰者にとっては、歓びも苦しみも極端なのだ。彼が神とつながり、その行為がすべて「彼」のためになされているときには、彼は幸福だ。しかし神を忘れるやいなや、そのことが彼に強烈な苦痛をもたらす。そして、信仰者の生涯にそのようなことはあり得ないことではない。そのようなときがくると、彼の苦しみはたとえようがなく、他の何ものとも比べようがない。信仰者の生活は極度に激しい歓びと苦しみの混合だ。これが、ナーラダの与える信仰の定義だ。

　このような信仰者は、ジャパや瞑想を正式な形で行う必要はない。彼の全生活が神の中に浸されているので、宗教上の正式な修行の問題は彼の場合は起こらないのだ。「バーガヴァタ」の中には、聖者カピラによって、彼の母（デヴァウーティ）への教示という形で、霊性の修行のある形式が示されている。「自分に与えられた義務を行うべきである、その義務には日々の務めもあるだろうし、特別な場合に生じる務めもあるだろう。賛歌を歌うこと、他者を傷つけないように行いを慎むこと。われわれは神がすべての生きものに内在すると思うべきである。高徳の人との交わりを求めるべきである。霊的に偉大な人びとを深く敬うべきである。自分より劣る人びとには慈悲心同情心をもって接し、同等の人びととは友情をもって交われ。信者は欲情を抑え、自分の心を制御せよ。神を讃える言葉を聞き、神の栄光をうたうことにときを捧げるべきだ。信仰者はまっ正直であれ。この世の事物に執着するな。高慢であってはならない」このような教えの実践によって心が清らかになると、その人は神の御名を聞くとすぐに、神に没入するのだ。

二〇、そのような信仰の形の例がある。

　前四つの格言において、多くの偉大な師たちが信仰について、それぞれ独立した意見を述べているのを見てきた。ナーラダも彼自身のバクティについての考えを示している。ナーラダによると、信者の行為のすべてが神に捧げられるべきであり、彼の心は一瞬でも「彼」を忘れると強烈な苦痛を感じるということだ。

ナーラダは「それは本当にそのようになるのだ」とつけ加えてこれを強調している。それは彼の経験だ。単なる声明や理論を超えたものだ。彼は自分自身の経験によって、この定義を確認しているのだ。

二一、ブリンダーバンのゴーピーたちの生活に見られる例。

すべての行為が神に捧げられている。そしてもし一瞬でも心が神への専念からそれると、その信者は強烈な苦しみを感じるという境地が、ブリンダーバンのゴーピーたちの場合を例にあげて説明されている。彼女たちの生活全体が神に捧げられていた。そして、一瞬でも「彼」への思いが心から消えると、神から離れたという感じのために彼女たちは強い苦痛を感じたのだ。

二二、そこでは愛の対象の偉大さを忘れることへの非難はない。

前の格言で示された実例は独特なものだ。それは信仰が例証されたものだ。単なる理論は、人が真理を理解する助けとはならない。その状態を完全に表現する適切な例が示されるときだけ、人はもう少しよく理解することができる。それだからゴーピーたちがひとつの例として提示されているのだ。

信仰はわれわれをこのようにするのだ。それはわれわれをブリンダーバンのゴーピーたちのように感じさせる。「バーガヴァタ」の中で、ゴーピーたちがシュリー・クリシュナ以外のものは何も見ない、彼女たちの全生活が「彼」の中に没入しているようすが描かれている。彼女たちは、すべてのことをクリシュナのために行い、「彼」からの一瞬の離別は彼女たちにとっては死よりも悪いことだった。

しかし、次のような反論があるかもしれない。ゴーピーたちの信仰の中には、愛の対象の偉大さへの認識はなかった。彼女たちはシュリー・クリシュナを愛したが、「彼」の本来の偉大さを考えたことはなかった。彼女たちはクリシュナを自分たちの最愛の人と見ただけだった。つまり、ゴーピーたちは神の偉大さに気づいていなかったという主張だ。

二三、神の偉大さの知識がなかったら、その愛は情夫にたいする愛のようになるだろう。

ナーラダはこの章で、そのような反論はまったく通用しないと言っている。人はゴーピーたちの信仰に対してそのような反論をすることはできない。彼女たちがその愛の対象であるシュリー・クリシュナの偉大さに気づいていなかった、と言うことはできない。ナーラダは「もしそこに霊的な気づきがなければ、それは単に女たちが自分の愛人に対して抱く世俗の愛の一種となり、真の信者の愛ではなくなる」と断言している。

二四、基本的な愛の形では、最愛の人に没入してその幸せへの認識はないからだ。

ゴーピーたちがシュリー・クリシュナの神性に対する知識がないという問題が取り上げられている。彼女たちは神の偉大さを知らなかったのではない。しかし、それを重要視していなかっただけだ。彼女たちはシュリー・クリシュナを自分の身内だと思っていたので、「彼」の偉大さは彼女たちの心の中では最高の位置をしめてはいなかったのだ。ある母親が、人びとのあいだでたいへん尊敬されている息子を持っているとする。彼は他の人びとにとっては偉い人かもしれないが、母はその偉大さを考えない。それは、彼女が息子の偉大さに気づいていないという意味ではない。彼女はその偉さを重要視していないのだ。息子であるから愛しているのであって、彼が偉いから愛しているのではないのだ。

ゴーピーたちの場合もこれと同じだ。彼女たちはシュリー・クリシュナが偉大であることを知っていたが、その偉大さを重要視していなかったのだ。「彼」が偉大であるから愛したのではなかった。それがポイントだ。彼女たちが「彼」の偉大さに気づいていなかったのではないという証拠がある。それはゴーピーたちの歌だ。「あなたは普通の人間ではいらっしゃらない。あなたは単にゴーピーたちの歓びではいらっしゃらない。あなたはすべての生きものの内なる『支配者』でいらっしゃる。あなたがすべての生きものを支配しておいでになるのは、『自己（アートマン）』として。この世をまもるために、『創造主』があなたをお招きになった。それだから、あなたはヤードゥの王朝にお生まれになったのです。しかし本当は、あなたは『最高実在』『最高真理』でいらっしゃる。しかも私たちは、あなたを掌中《しょうちゅう》の珠《たま》と思っています。それは愛のゆえ、私たちがあなたの偉大さを知らないからではありません」

次にもうひとつの反論が提出される。「すべての執着は捨てられるべきである。執着は束縛をもたらすものだから。もしゴーピーたちがシュリー・クリシュナに執着していたのなら、それも束縛のもとであるから捨てられなければならなかったはずだ」では、ゴーピーたちはどうして激賞されるのだろうか、どうしてそれが信仰者としての理想の態度であると、見なすことができるのだろうか。

非常に核心にふれた疑問だ。執着が人を束縛するということは、ごく単純な経験的事実だ。誰に対する執着であっても、それは人を束縛する。「たとえゴーピーたちの執着がクリシュナに向けられたものであったとしても、彼女たちは束縛下にあったはずだ。それは理想的な状態ではない」と。この反論は、そのような種類の神への愛を味わったことがない人びとの視点から出されるものだ。人びとは、すべての執着の形が束縛を引き起こすと概括しているのだ。ナーラダは、神への執着は捨ててはいけない、それを避けるべきではないと言っている。なぜか。あなたは、それも束縛の原因になると言うが、そうではない。ここでの執着の対象は、普通の執着の場合とはまったく異なっている。ゴーピーたちは、シュリー・クリシュナに執着した。彼は普通の人間ではない。だからこの執着は、この世の普通の執着がするように束縛することはないのだ。しかしここで、もしそれが他の形の執着の場合に起こることであるなら、ここでも当然起こるはずではないかという反論が出たものとして、例をあげてさらに詳しい答えが与えられている。聖者への執着の場合を考えてみよう。われわれが聖者に執着すると何が起こるか。その人の聖らかさが、彼に執着した人びとを高める。それは普通の人の経験だ。聖者と交わる人びとの上に起こることだ。その執着は束縛せず、むしろ救いをもたらす。たとえシュリー・クリシュナが神的「存在」であることを抜きにしても、聖者との交わりが人を高めるのと同様に、「彼」の偉大さはゴーピーたちを高めこそすれ、堕落させることはないだろう。

ゴーピーたちは、特別にはシュリー・クリシュナの偉大さを心に留めていないかもしれないが、「彼」は偉大である。したがって、「彼」への執着の結果は彼女たちを高めることになるのだ。われわれは聖者と交わると、自分が彼らの聖らかさを吸収することを知っている。善は悪と同様に伝染する。悪い人びとと交わればわれわれはその悪を吸収する。善い人びとと交われば彼らの善を吸収するのだ。これは、執着の向けられる対象の性質のためだ。たとえシュリー・クリシュナを神とも化身とも思わなくても、もっとも偉大な人びとのひとりと見なすなら、その人物への執着がわれわれを高めずにいるだろうか。これがゴーピーたちのシュリー・クリシュナへの執着の姿だ。それは彼女たちを解放した。何からの解放か。感覚の束縛からの解放、この世の束縛からの解放、普通の人びとが直面するさまざまな種類の誘惑からの解放だ。

信仰者にとって何が理想だろうか。もしそれが執着であるなら、そこに束縛ではなく、解放をもたらす特徴は何だろうか。その執着の特徴は何だろうか。ナーラダは、深く見きわめないと見逃すであろう特別な特徴があると言っている。人を堕落させるような執着の場合には必ず、それが執着の対象である相手のためではなく、自分自身のためであることが見いだされるだろう。われわれがこの世の人を愛するとき、その執着その愛は、われわれが彼を幸福にしたいと思うからではなく、われわれが彼との接触に喜びを見いだすからのものだ。だから目的は非利己的ではなく、利己的なのだ。この世の関係はどれもこれも、この利己性の傾向がある。われわれは幸福でありたい。だから特定の人物との交わりを望むのだ。彼といっしょに居ると幸福を感じるからだ。

ナーラダは、これでは献身の条件は満たされていないと言う。では真の基準は何だろうか。献身というものの真の基準は、自分の幸福は求めず、他者を幸福にすることだ。これが神性の愛の特質だ。

世俗の愛や執着は、その関係が満たされないと憎しみに変わる。ここで、非常にふさわしい例として、男女のあいだの愛を例にとろう。非常に感情的な女性が、ある人を愛したとする。もしその愛が報いられないと、それはその強さだけの憎しみに変わる。これはどういうわけか。つまり、愛人は愛する相手を幸福にすることではなく、自分がそこから喜びを得ることを望んでいるのだ。喜びは利己的なものだ。うまくいかないと、憎しみという極端な形にまで堕落しうるのだ。

そういうことは神性の愛の場合にはけっして起こらない。それは、動機がその人自身の喜びではなく、他者を幸福にすることだからだ。絶対の自己否定が神性の愛の最大の条件なのだ。信者が神を愛するとき、彼は神から何の報いも望まず、すべてを神に捧げることを望む。これが神の愛をいかなる種類の世俗の愛からも、もっとも強烈で高貴な世俗の愛からさえも、まったく異なるものとする基準だ。

いくらかの自己犠牲は世俗の愛の中にも見られると言われるかもしれない。たしかにそうだ。しかし、深く掘り下げていくと、愛がどうしても報いられないとき、それは憎しみの源泉となるということがわかるだろう。それは反対の感情に堕落する危険を示している。魅力が嫌悪になるのだ。

ここでは何かが欠けている。神性の愛の場合に見られる何かが、世俗の愛の場合には欠けているということを示しているのではないだろうか。信者は最愛の神に与えるだけで、けっしてその報いを期待しない。すべてを与えるが、いかなる報いも欲しがらないのだ。

あるときシュリー・ラーマクリシュナは、キールタンやその他の宗教音楽が催されている所を訪問された。そのときの歌はブリンダーバンでのシュリー・クリシュナの生活の特集だった。シュリー・クリシュナが、ブリンダーバンの他のゴーピー、チャンドラ・ヴァリーを訪れたために傷ついたラーダーの気持ちが主題だった。ラーダーの友だちが彼女を慰めようとして「どうして貴女《あなた》は悲しんでいるの。あなたはクリシュナの幸せではなくて、貴女自身のことだけ考えているように見えるわ」と言った。ラーダーは友だちに「チャンドラ・ヴァリーの家に行かれたことを怒っているのではありません。でも、どうして彼はそこにいらっしゃったのでしょう。彼女は彼に仕えるすべを知りません」と答えた。無私の愛の最高の見本と見なされているシュリー・ラーダーの場合を取り上げているのだ。彼女は「私はシュリー・クリシュナがチャンドラ・ヴァリーのところに行かれたことをうらまない。ただひとつ悲しいのは、チャンドラ・ヴァリーが彼に仕えるすべを知らないこと。彼女は仕えるすべを知らないので彼はお困りになるかもしれない。私はそれを悲しむのです」と言っている。この態度に注目してほしい。シュリー・ラーマクリシュナはこの点をくり返し指摘された。

(どうぞ、許してください。この実例は、ある場合には低俗と思われるかもしれないが、人間の非常に精妙で慎重に取り扱われるべき感情の説明であると、理解してほしい。)

これは非常に繊細な心情であり、その状況を的確に理解するべきなのだ。われわれはここで非常にデリケートな扱いを必要とすることを議論している。われわれは、このような感情の直接の経験を持たないから、世俗的な表現を借りて説明しなければならない。しかし、この関係の中には世俗的なものはいっさい存在しないということは覚えておくべきであり、注意深く理解しなければならない。

この種の表現は、シュリー・クリシュナとゴーピーたちとの関係においてだけでなく、すべての神秘主義の文献の中に見られるものだ。それは、インドの文献だけでなく、他の国々特にキリスト教の文献にも多く見られる。その思想をなんとかして伝えようとすると、他に方法がないので、このような表現をとることになるのだ。言葉の誤用の恐れがあるので、用心してほしい。われわれは注意深い態度で言葉の意味を受け取らなければならない。ここでの表現はただ例という手段によっているものであり、われわれの経験したことのない思想が、低俗と見えるたとえを借りて伝えられようとしているのだ。

神の人にとっては、そのような低俗性はまったくない。ここに、そのような低俗さのまったくない例がある。シュリー・ラーマクリシュナが馬車で街を通っていらっしゃるとき、馬車が酒場の前を通り過ぎた。そこでは何人かの人びとが酒を飲んで酔っぱらっていた。その光景をごらんになって、彼は忘我の状態になられた。彼の心には、酒も酒に酔うことも思い浮かばなかったのだ。神性の愛に酔う、聖者の陶酔状態が連想され、彼はただちに忘我の状態に入っておしまいになったのだ。器が非常に精妙で清らかである場合、低俗なヒントも彼を神性の愛に昇らせる。この感情を表現するのに、そのような言葉が使われても、それらはこのような人びとには低俗な意味を伝えることはまったくない。しかし、これを学ぶ者たちは、感覚が低下しないように心を制御して守らなければならない。心に、非常に重要なポイントが生まれるはずなので、このように警告するのだ。われわれは世俗の愛ではなく、神のことを話しているのだ。これは銘記しておくべきことだ。

シュリー・ラーマクリシュナはいくつかの愛の種類について話しておられる。サーダーラニー、サマニャーサー、サマルタなどだ。最初は普通の愛だ。愛人は自分自身の幸せを求めている。彼は他の人が幸せかどうかは気にしない。これはクリシュナに対するチャンドラ・ヴァリーの態度だ。二番目はおたがいの幸せを求める思いやりの態度だ。これは高尚な種類の愛だが、三番目の愛はすべての中で最高のものだ。そのような愛人は自分の最愛の人に「私に何が起ころうとも、あなたは幸せでいてください」と言う。ラーダーは、この最高の愛を持っていた。彼女はクリシュナの幸せの中で幸せだったのだ。「ゴーピーたちも、この高貴な態度を得ていた」とシュリー・ラーマクリシュナは言っておられる。

神への愛には、まったく利己的な動機がない。これと反対の場合には、愛する対象を幸福にすれば自分も幸福であるという態度はない。しかしこの場合には、何ひとつ自分自身のためには要求しない。彼の関心はただひとつ、愛の対象を幸福にすることだ。それが、この純粋な愛の基準なのだ。ゴーピーたちの説明の中でシュリー・ラーマクリシュナが言っておられるように、彼女たちはその至高の愛を持っていた。この至高の愛の中には、二つの要素がある。私のものとエゴだ。「私は神を愛する」、と「神は私のもの」という二つの面だ。信仰者は、自分の存在そのものを、神と離れがたく結びついたものと考える。彼の（私）はシュリー・ラーマクリシュナが言っておられるように、「私は神の信者だ」と感じる成熟した（私）であり、また（私のもの）は「神は私のもの」という意味だ。第一の要素はエゴ、あの神聖なエゴ、「もし私が神に仕えなければ、『彼』は不幸でいらっしゃるだろう」という、あのエゴだ。信仰者は普通の意味ででではなく、このように考えるために、自己本位なのだ。そして第二は、神は（私のもの）だという感情だ。だから、我がものと思うものの幸福にすべての注意を集中するように、この愛の対象の幸福にすべての注意が集中するのだ。シュリー・ラーマクリシュナは「神性の意識が絶えず心中にあると、そのときには『彼』に仕えることは、特に子としてあるいは愛人として仕えることはできない」と言っておられる。この二つの非常に優しい愛の形は、神性の意識と共存することはできないのだ。神性の意識は愛の強さと身近さを弱めるから、その意識は背後に引っ込めておかれるのだ。ゴーピーたちの場合にも見られるように、その意識がないというわけではない。この神と信者とのあいだの優しい関係は非常にデリケートなことがらだ。いたる所で実例を見るようなことはけっしてできない感情であって、その経験を持った人だけがそれを理解できるのだ。信仰者以外の者は誰ひとり、これを理解することはできないだろう。われわれは、心の状態をこの経験の状態に同調させたぶんだけ、その程度だけ、理解することができる。そうでないと、人びとはこの思想をあざけるだけだろう。この思想そのものが、嘲笑の対象となるのだ。

「バーガヴァタ」の中で、ゴーピーたちとシュリー・クリシュナとの遊びは非常に世俗的な言葉で表現されているので、人びとの、特にそこに描かれている感情をまったく理解できない人びとの嘲笑のもとになった。彼らは世俗の愛の低い形が、霊的な境地として賞賛されているにすぎないのだと思っている。しかし、それは理解の欠如、共感の欠如によるものだ。

私は、すべての神秘主義者たちが神に対する自分の関係をどのように表現しているかについて、すでに述べた。キリスト教の表現でも、神秘主義者たちは自分を女性と見、神をその愛人と見ている。魂はつねに女性にたとえられ、神秘主義の書物ではこの神性の愛は男女の愛として描かれている。おそらくこれが、相対社会に存在する愛のうちでもっとも強い感情であり、それについて何らかの経験を持つ一般の人びとにもわからせることができるからだろう。

しかし、神性の愛には肉体的要素はなく、何ら肉体的な愛に比べられるものはないということは注意深く理解し、記憶しておかなければならない。それは、つねにもっとも精妙な感情であり、完全に霊的である。そこにはわれわれの肉欲的感情に共通するものはまったくないのだ。

この点がおろそかになるなら、このような愛について扱われている聖典を学ぶことは、向上よりむしろ堕落のもととなるだろう。だからスワーミー・ヴィヴェーカーナンダは普通の人がこのような神性の愛の物語を研究することを奨励しなかったのだ。なぜなら、未熟な心には、それが彼らになじみ深く、また第一に心に浮かぶ世俗の愛を思い起こさせるからだ。心がそのような観念を完全に除去したとき、また完全に清らかになったときはじめて、人ははじめてこのようなことを理解し、それを十分に論じることもできるようになるのだ。

普通の求道者には他の道がある。安全なほうの道を進むために、神を自分の父と、母と、友と、あるいは主人と見たほうがよい。困難をもたらす道を超え、落とし穴にはまらないようにするためには、神を父や母と見るほうがよい。いきなり最高のものに飛びつこうとするより、自分が今居る所から出発するほうがよいのだ。神の愛を、愛人の態度について論じても世俗的な感情がまったく起こらないほど純粋になるまでは、絶対に堅固な純粋さを持つまでは、このことを理解することはできない。だからスワーミージーはわれわれにこの道をたどることを禁じたのだ。

神に対してはさまざまな態度を持つことができる。シュリー・ラーマクリシュナが述べられた、すべての中で一番安全な態度は主人と召し使いの関係だ。神は私の主人、私は「彼」の召し使いというものだ。それは非常に素朴な態度だ。もう少し高く上ると、神を友と見ることができる。人が神を友と見るとき、「彼」はいわば、ほとんど対等なレベルにいる。友情はつねに対等な者どうしのあいだにある。もう少し高い段階に行けば、人は神を子供と見ることができる、子供は親の保護を必要とする。このように、その関係はさまざまだ。そして最後に、もっとも難しいのが、例のマドゥラ・バーヴァ、すなわち二つの心を結びつけてひとつにする、二人の愛人のあいだの関係だ。それが最高と呼ばれているものだ。これらのうちのどの態度でも、完全にまっとうすれば十分だ。それは神の悟りにとって十分だ。主従の関係でも友人の関係でも神を子と見る関係でも、これらの関係は神のもっとも深い悟りを生み出すことができるのであって、われわれは次から次へと態度を変える必要はない。主従関係から友だち関係に、そして子としての態度（親と子の関係）へ、それから恋人の関係へと態度を変えることは、聖典の意図ではない。そのように次から次へと態度を変える必要はない。これらのうちのどのひとつでも、神性の愛の真の悟りをもたらすだろう。求道者はそれに全精力を集中し、真心をこめて向かうために、自分が理解できて快く感じられる態度をとって出発するほうが安全だ。他者のまねをするよりそのほうがよい。実際問題として、われわれはみな生得の傾向をもって生まれており、その傾向がこれらの態度のうちのどれかひとつをとることを決めるのだ。われわれが勝手にどれかを選ぶのではなく、われわれの内に深く根づいている生得《せいとく》の必然によって、そのひとつを取り上げるのだ。そしてそのどれもがわれわれに最高の悟りを与えるのに十分なものなのだ。

二五、このバクティは、行為の道や知識の道、ヨーガの道（心の統御）よりも優れている。

二六、なぜなら、それは単に道であるだけでなく、目標（ゴール）のようなものであるから。

三つの重要な論題について話してきた。最初の格言は、至高のバクティの定義だった。最初の六つは、至高の信仰の意味について扱っていた。次の八つの格言は、信仰のためにすべてのものを放棄することに注目している。その後の一〇の格言は、至高の信仰のさまざまな解釈と、例を扱っている。こうしてわれわれは二四の格言について考察し、信仰の定義とその特別な特徴を見てきた。さてここで、第四の命題、バクティと他のさまざまな悟りの道との比較をとり上げてみよう。

バクティは行為の道（カルマ）や知識の道（ギャーナ）や心の統御の道（ヨーガ）よりも優れている、と言われている。なぜか。そのことが二五番の格言に手短に述べられている。バクティは単に道であるだけではなく、目標でもある。それは方法と目的の両方として扱われているのだ。われわれが初心者として信仰の修行をはじめるとき、バクティは道であり、またこの道を通って到達する究極の目標もまたバクティなのだ。シュリー・ラーマクリシュナはそれをヴァイディ・バクティ、ラーガ・バクティと表現しておられる。これは、聖典の命令によるバクティ、あるいはこの道とゴールの先駆者による助言としてのバクティであり、それが至高の愛のようなもの、プレマ・バクティだ。最初のうちは義務であるが、最後には究極の悟りとなる。

バクティは道であり、目標なのだ。バクティは行為の果実のようなものだろうか。それは果実あるいは結果としてではなく、結果のようなものとして特別に特徴づけられている。それは作りだされるものではなく、まさにわれわれの存在の本質であるものだからだ。何かの手段によって得られるものはすべて、いつかは失われなければならない。永遠でないものはすべて、また失われるのだ。それは一般的な法則だ。作り出されたものもまた、失われなければならない。バクティはそのような性質のものではない。だから、それを行為の果実とか結果とは言わず、行為の結果のようなもの、目標に到達するためにわれわれが行うことの結果のようなものだと言うのだ。それは目標そのものであって、得られるべき何かではないと言われている。それはすでに、そこにある。この神への愛あるいは信仰は、本来われわれの内にそなわっているのだ。われわれが修行によって為そうとしていることは、それをあらわすこと、内部に潜《ひそ》んでいるものをあらわすことだ。

神が永遠であるように、神への愛も永遠だ。われわれがそれを悟っていないので、それに気づかないだけなのだ。ゆえにわれわれのさまざまな修行によって心が浄化されると、心の内にある信仰心をおおい隠している不完全さや不純性がとり除かれ、そこで信仰がおもてに現れてくる。もし神への愛が、何かわれわれの霊性の修行から起こるものだとしたら、それはいつかある時点で消えるだろう。それは不可避なことだ。だからわれわれは、この神への愛をいつか特定のときに得られるものというふうには考えない。われわれはこれをつねに自分の内に持っている。ただ他のものがわれわれを夢中にさせるので、自分の内にあるこの神への愛に気づかないのだ。だからそれは結果ではなくて、結果のようなものと言われるのだ。

それが「結果のようなもの」という言葉の暗示するものだ。

さて、カルマ、ギャーナ、ヨーガの道はすべて、ある種の結果を生み出す。もちろんそれは信仰者（バクタ）の立場から見てのことだ。別の立場からすれば、知識の道も同じことを主張するだろう。われわれが切望する知識は、知識の道の追求の結果得られる。さまざまな修行によって、われわれは自分の真の性質をあらわそうと努める。そしてその本質が現れたとき、われわれは自分の真の「自己」を悟るのだ。知識は、そのうちのある時期に現れたり生み出されたりする結果としての何ものかではない。サーダナを通じて得る知識は、われわれの内にすでに存在している。ただその知識をおおい隠している障害物がとり除かれて、その知識がはっきりと現れたのだ。ゆえに、知識も道と結果の両方であると考えられる。言いかえれば、真の知識はけっして結果ではなく、われわれの真の性質の現れたものなのだ。「自己」知識は永遠なので、この悟りの状態はどのようなときにもけっして消滅するようなことはないということを、われわれは知っている。この知識自体が究極の「実在」だ。それは何かの知識ではなく、「智識」そのものなのだ。シュリー・ラーマクリシュナは、「人は信仰を通して知識の道のゴールに至ることができる」と言っておられる。

知識（ギャーナ）の道から見ると、それは行為（カルマ）の道より優れている。カルマ（行為）はひとつの道として、すべての不完全性を脱する結果につながる。カルマ自体は不完全または完全と同一のものではない。それはわれわれが手段として用いるものだ。無私の態度で行われる行為の実践によって、われわれはすべての不純性から解放される究極の目標を実現し、知識の道を歩む人と同じ最高の境地に到達する。つまりわれわれは束縛をとり除き、その道はわれわれを解放する。行為自体は解放ではないが、解放がそれの結果なのだ。行為は、その結果を得るための手段だ。しかしバクティは、そのような意味で用いられるのではない。それは道であり、目標だ。シュリー・ラーマクリシュナは、信仰の道はカルマの道より優れていると数回発言しておられる。「カリユガでは、ナーラダによって示された信仰の道がもっともよい。カルマの道は非常にむずかしい」と言っておられるのだ。

次に感覚の統御または心の集中の実践をするヨーガはどうだろうか。ここでも、それらの行為自体は目標ではない。ヨーガの道はある程度のところまで昇ることができるだけなので、バクティとくらべて断然劣っているだろう。われわれがヨーガの道のめざす結果を生み出した段階にすでに到達しているときには、それは働くことができない。それは、道のままであり、それ以上の何ものでもない。ゆえにバクティは最初から最後まで全課程をカバーしているので、たしかに優れている。バクティがカルマよりもヨーガよりもギャーナよりも勝《まさ》っていると言われるのはこのためだ。残念ながら信仰者の眼から見ると、知識の道は知識の追求だけを意味するもので、知識の結果は意味していない。われわれは追求と、達せられるべき究極目標とを区別するのだ。これは知識の道を歩んでいる人の同意するものではない。われわれはこの点を議論しようとしているのではないし、この両者の違いを重要視しているわけではない。しかし、信仰者が知識の道をどう見ているかということは、考えておこう。信仰者によれば、知識の道は識別に頼る。これが、自らを限定するものだ。実在と非実在を識別することはひとつの努力だ。努力によって、求道者は「実在」に達し、非実在を捨てる。それが解脱の状態だ。識別をしている期間は、彼がこの識別の結果を手に入れた時期とはたしかに非常に異なる。この点を見て、信仰者はそれが信仰の道よりも劣ると言うのだ。なぜなら、信仰の道は最初からわれわれを究極の目標に導くからだ。道と目標の両方が信仰という名で結びつけられているのだ。おそらく最初のうちは、信仰はそれほど深くはなく、それほど無私ではなく、それほど純粋ではないかもしれない。しかしわれわれが進むにつれて、じょじょに不完全さは去り、熱意は質量ともに増大する。そしてついに、これ以上の進歩はありえないというところにきたとき、われわれはゴールに到達する。この同じ信仰が始めから終わりまで存在するのだ。

シュリー・ラーマクリシュナは、これを別の方面から説明しておられる。「信仰者は何も拒絶しないが、知識の道はある状態を拒絶する。ギャーニにとって、この世は幻影の枠組みだ。しかしバクタはこの世を否定しない」

この世は排斥されるべきではなく、素直に「至高者」のひとつの表現、ひとつの遊びと受け取られるべきだ。この見方をギャーニのそれと比べてみよう。知識の道の信奉者によると、この世を超越した存在に到達するためにはこの世は否定されなければならない。信仰の道を進む者によれば、この否定は「実在」の一部を否定することである。彼は果肉、種子、殻、すべてのものから成る果実を例として説明する。もしあなたがこれらのうちのどれかひとつを否定するなら、何が真の果実か。もしあなたが、それは殻ではない、種子ではない、果肉だけだと言うならば、あなたは果実を構成しているものを否定している。ゆえに否定は、ヴィシシュタ・アドヴァイタ（限定非二元論）に従うと、果実がある部分を失うことを意味する。シュリー・ラーマクリシュナは「もし果実の重さを知りたいなら、種子も殻も果肉も全部を計らなければならないだろう」と言っておられる。しかしギャーニは、識別のときには重要でないものを否定し、果肉だけが主要なものだと言う。これは否定が究極の「実在」へ近づくやり方だ。信仰者は「それは私の道ではない。私はすべてのものを神のお遊び、『彼』のリーラーとして受け取る。それだから、あらゆるものが考慮に入れられなければならない。私の神はその総計だ。すべてのものが私の神だ。私の道は神のもとへ私を連れて行ってくれる。神はお遊びとして『彼ご自身』から、この世界をお作りになった」と言うのだ。

この考え方とギャーニが実践する考え方とは、何が違うのだろうか。知識の人は、最初のうちだけは識別をし、否定するが、最後に最高者を悟ったとき、何と言うか。「最高者だけが残り、他のもろもろの特徴はそこにはもはや存在しない。それだから、これらはアニティヤ、すなわち非実在と呼ばれるのだ。非実在なるものは否定されなければならない。そうしてはじめて、実在するものが確認されるのだ」と。

バクタは、「私は何ものも否定しない。この世界という現れもまた、我が神なのだから。あらゆる所に私の神だけがおられるのだ。『彼』は私の全存在を満たし、全宇宙を満たしておられる。神なしには何ものも存在することはできない」と言う。これが信仰者の立場だ。ギャーニは「この世界は実は『ブラフマン』、『究極実在』である。現れは多数と見えるけれど、実は『一者』だけである」と言う。これは同じことを言っているように見えるが、実はたいへん違う。信仰者は、このすべては神であると言う。そして知識の人は、このすべては無であって神だけが存在する、つまりこのすべては非実在、神だけが存在する、と言うのだ。このことはしばしば、神は一切物である、というように誤って解釈される。スワーミー・ヴィヴェーカーナンダの崇拝者のひとり、メアリー・ヘイルが彼に宛てた手紙の中で「あなたのヴェーダーンタは要するに、一切物は神だと言うのでしょう」と書き送ったのに答えて、スワーミージーは「あなたは少しもヴェーダーンタを理解していない。ヴェーダーンタは『神は存在する、そして一切物は存在しない』と言っているのだ。すべてのものは非実在、神だけが存在するのだ。一切物は神であるなどと言うのではない」と答えた。神は存在する。そして他の一切物は非実在なのだ。それが、ヴェーダーンタの立場だ。表現は同じように見える。ここに良いたとえがある。われわれはヘビを見る。それから、あたりが薄暗いので灯火を持ってくる。そのときわれわれはそれがナワであったことに気づく。ヘビだと思っていたものは実はナワだったのだ。ナワだけが存在していたのであって、ヘビは初めから実在してはいなかったのだ。同じように、われわれがこの世界は神であると言う場合には、それは神が存在し、世界は存在しないという意味だ。それがギャーニの考え方なのだが、バクタは、一切物は神であると言う。それは、一切物として現れているのは神であるという意味であって、一切物は非実在ではない、すべてのものは存在しているのだ。そしてその存在は神の実在と切り離すことのできないものだと言っているのだ。

これが根本的な表現の違いだ。これらの異なる表現または同じ表現が、バクタにとってとギャーニにとってでは、まったく異なる意味を持つのだ。これは記憶しておくべきことだ。

バクタの場合、彼のバクティは初心者の位置にいるときから始まり、究極の頂上まで達しても同じだ。だからバクティは他の道より優れていると考えられるのだ。シュリー・ラーマクリシュナの解釈によると、知識の道では何ものかが否定されなければならないが、信仰の道ではすべてのものが受け入れられなければならない。人はすべてのものを持ち、それを高度なものに変えることができる。それは素晴らしい昇華だ。最初のうちは、世界が神から離れているもののように見えるが、ついには、信仰者はすべてのものが実は永遠に神とつながっているものであることを悟る。

ここまで三つの道が語られてきた。知識の道、信仰の道、行為の道だ。ヨーガの道についても、ここで述べよう。ヨーガは、それによってわれわれが自分の性質、自分の感覚器官を制御する手段だ。われわれがヨーガと呼ぶ自己制御の道は、心の清らかさを得るための手段になるので、すべての悟りの道にとって必要なものだ。ときおり、ヨーガが道として別個に語られないのはこのためだ。それはただ、他のすべての道を進むときの助けとなる補助である。

「ギーター」の中で、ヨーガという言葉はカルマ・ヨーガの意味にだけ使われている。ヨーガという言葉は一般には自己制御の過程（肉体の制御、心の制御、呼吸の制御、感覚器官の制御など）を意味している。この制御は、すべての道に必要なものだ。「ギーター」は信仰と知識と行為の道について述べている。行為の道は無私の行為を意味する。ヨーガつまり感覚器官の制御またはプラーナーヤーマは、ひとつの道としてはそこには挙げられていない。そのような制御の方法は説かれてはいるが、それは他の三つの道をそれぞれ助ける方法としてのものだ。そしてヨーガという言葉はただカルマ・ヨーガ（行為の道）、つまり無私の行為、無私の活動、非利己的な働き、という意味だけに使われている。ヨーガという言葉は、ここでは、現在広く知られるようになっているもうひとつの意味は持っていない。今は誰も彼もが自分はヨギだと言う。ある種の身体の姿勢がとれれば、ある種の運動ができれば、その人はヨギと呼ばれる。そのヨーガは非常に違うものだ。それも、人を肉体的に強くするという意味ではひとつのヨーガだろう。もしそれが心理上の訓練であるなら、それは人を心理的にもっと有能にする。しかしそれはけっして、それ自体は霊性の道ではない。その必要もない。それだから、ヨギという言葉は別の意味に使われなければならない。行為の道は、神を喜ばせるという考えによって為される、無私の働きや行為である。そしてそれは信仰の一部となるのだ。

二七、神はうぬぼれを嫌い、謙遜を愛するので信仰の道は他の道より優れている。

二五番の格言はバクティを他のすべての道、すなわちカルマ、ギャーナ、およびヨーガの道の上に置いている。バクティはそれらすべてに勝っている。第一の論点は、信仰はバクティという手段によって生み出される結果と同一の性質のものであるが、一方他の道は道であるだけであってゴールではない。バクティは道であるだけでなく、ゴールでもあるのだ。

なぜバクティが優れているかに関する次の論点は、信仰者がエゴイズム（うぬぼれ、自己中心性）から脱却しており、謙虚さの見本であるという含蓄《がんちく》がある。神はうぬぼれを嫌い、謙虚さを好むので、「彼」を十分に満足させることができるのはバクティだけだ。これは、行為の人は高慢かもしれないし、知識の道の修行者は自分が最高である、自らが神であると思うであろうから、これらの場合謙遜は問題外であるという明らかな理由で、他の道を中傷しているようなものだ。

善行をする人や犠牲供養などの宗教儀式を執り行う人には、しばしば自分は偉い宗教家であるというような、ある種のうぬぼれ的観念が見いだされる。そのような人は他者とくらべて自分を重く考えすぎるので、そのエゴはひとりでに増大するのだ。知識の道などは明らかにそうである。スワーミー・ヴィヴェーカーナンダが、よく知識の道について語ったときでさえ、人びとは彼をうぬぼれの強い人だと思ったものだ。「私は『ブラフマン』である」と言う人を、人びとは当然、これは極端にうぬぼれの強い人ではないかと恐れるだろう。

ゆえに他の道には、人びとの中にある種のうぬぼれを生み出すことが見られる。一方、信仰の場合には、バクタはつねに謙虚でうぬぼれから解放されているので神が彼の方を愛するのは当然だと見なされるのだ。これは、うぬぼれをまったく持たない信仰者の特徴として特別に述べられていることだ。信仰の道の偉大な指導者は、エゴから解放されている人と謙虚な人という二つの面をつねに強調している。信仰の道の偉大な教師たちのうちのひとりであるシュリー・チャイタンニャすなわちシュリー・ガウラーンガは次のシュローカをくり返し唱えていた。「神の栄光は、足の下にふみしだかれる草よりも謙虚な、樹木のように忍耐強い、誰からも名誉や尊敬を求めず、あらゆる人を尊敬する、そのような人によって唱えられるべきである」このようなことが、神の栄光をうたう人に必要な資格だというのだ。明らかに他の道の修行者とくらべたら、これは信仰者の態度であろう。

ゆえに、ナーラダは神に愛されるためには謙虚でなければならないと言っているのだ。しかしスワーミージーはときどき、信仰者のこの謙遜の態度を嘲笑することがあった。彼は「おお君たち、ヴィシュヌ礼賛者（バクタが信じる宗派）、謙虚な人びとの中のもっとも謙虚な人びとよ」と言ってからかっていた。彼は信奉者の多くがまじめでないと感じたので嘲笑したのだ。彼はその謙遜がときどき見せびらかしになることに気づいていた。謙遜があるとしたら、それは真摯《しんし》なものであるべきだ。私が、自分は卑しい者たちの中のもっとも卑しい者であると言いながら、他の人びとを低く見るとしたら、それはまじめなへりくだりではない。ただの見せびらかしだ。真摯な信仰者となるために、人はつねに身を低くし続けるべきであり、どんなときにもけっして優越性を示すべきではない。木よりも忍耐強くあるべきだ。なぜか。木は人びとに果実を与え、日陰を与える。そして人びとは何をするか。彼らはその枝を切る。それでも木は報復をしないで辛抱強く耐えている。もちろんこれは、たとえだ。木が意識してこれらの人の行為に耐えているという意味ではない。しかしこのたとえは信仰者の理想をよく表している。人があなたに害を与えても、あなたは彼に善を与えよ。けっして憎しみに報いるに憎しみをもってしてはならない。つまり復讐をするなということだ。人があなたにどのような態度をとろうとも、あなたは最小限の攻撃もせずに忍耐強く耐えなければならない。これが神に好まれる、信仰者の慎み深い態度だ。信仰者は他者に敬われることを期待せず、すべての人を敬う。もし人がこのような性質を持っているなら、そのとき初めて彼が崇拝する神はまじめなものであり、実り豊かなものとなるであろう。これらが信仰者の特徴のうちのいくつかである。

二八、幾人かの説によると、信仰は知識によってのみ生み出される。

この格言では、幾人かの教師によると、バクティは知識を通して得られると言っている。何の知識か。目的と同様に手段に関する知識だ。バクティは感情的な態度だが、この態度が神のほうへ正しく導かれる

ために は識別と知識を必要とする。シュリー・ラーマクリシュナは、若いほうのナレンが、「霊性の生活で欲しいものは純粋な信仰だけです」と言うのをお聞きになって、このことを指摘なさったことがあった。彼は、「神について知らなければ誰に対して信仰を捧げるのか」とおっしゃった。人はどのようにして信仰を持つことができるのだろうか。だから知識は必要なのだ。もし、私が神に信仰を持つべきなら、私は「彼」について知らなければならない。神は何であるかについて何らかの知識を持っていなければならない。神について何も知らなかったら、どうやって「彼」に信仰を捧げればよいのだろうか。だからこの理論に従えば、知識は必要だということになる。シュリー・ラーマクリシュナご自身の言葉を引用すると「しかしお前は『彼』を知らないで、どうやって『彼』を愛せるのかね。ギャーナ・バクティと呼ばれるもうひとつのバクティの種類がある。それは推理にもとづく、神への愛だ」ということだ。

もうひとつ必要なことがある。人はどのようにして目標に到達するか、それを成就するための方法を知らなければならないということだ。人は目標と手段について何らかの考えを持たねばならない。それなしに、どうしてこの道を進むことができるだろうか。道を知らなければ、どうしてそれをたどることができるだろうか。目標を知らなければ、どうしてそれに向かって前進することができるだろうか。だから、幾人かの教師によると、知識はバクティの道を進むための先決条件なのだ。

二九、ある人びとに従えば、知識と信仰は相互に助け合っている。

「ある人びとに従えば」という表現は、それがナーラダの考えではないという意味だ。彼はバクティを得るための方法について、他の教師たちの見解を引用しているのだ。他にまた、バクティと知識は相互に助け合っていると言う人びともいる。バクティの達成には知識が必要であるし、知識が正しく養われるためには信仰が必要だ。両方が他を必要とする。これは当然、非常にバランスのとれた見解だ。

三〇、ナーラダ（ブラフマクマーラ）によると、バクティはそれ自体が信仰の実践の結果である。

ナーラダ自身は、バクティそれ自体が結果であると言っている。つまり、バクティは他の何ものかの結果ではない。それはすべてのものから独立している。知識にも行為にも他の何ものにも依存しない。それは自給自足している。それは、究極の成就という性質を持っている。それは目標のようなものだから他の何ものからも独立していることができるのだ。これがナーラダの立場だ。バクティは信仰者の性質であり、究極の境地の達成は信仰の過程が最高点に達したものであるに他ならない。シュリー・ラーマクリシュナがつねにおっしゃったプレマ・バクティまたはパラ・バクティは神への信仰の至高の表現だ。それが結果でありその道程もやはり信仰なのだ。それだから知識によってバクティに達するというわけではない。人はバクティ自体によってバクティに到達する。成熟した信仰と呼ばれるものに到達するのだ。つまり、バクティが得られるのは信仰自体あるいは神の恩寵によってなのである。

三一、王宮やごちそうを、ただ見るだけでは、バクティの知識だけでは、誰も満足しない。

三二、ただ見るだけでは王も幸せにならないし、空腹も満たされない。

三三、ゆえに、バクティだけが、解脱を願う人びとによって受け入れられなければならない。

バクティは知識に依存しているだろうか、それともすべての道から独立しているだろうか。これは、ここまでのいくつかの格言で議論されてきたポイントだ。三〇番の格言で、ナーラダはバクティがそれ自体、結果であると言った。それは外部からの助けを必要としない。彼はここでひとつの例を示している。もし人が王を知ったら、王はそれで何か満足を得るだろうか。もし人が神とは何かを知ったら、それが神を喜ばせるか。そんなことはない。誰が王であるかを知っても王が喜ばないように、知識はこの意味では何の役に立つものでもない。神を知っているということは、信仰が深いということを意味するものではない。信仰深くなるためには、自分の内にある心の態度を育てなければならない。知識はそれの助けにはならない。ナーラダがもうひとつ出している例は食物だ。さまざまなおいしい食物を知っても、おなかはいっぱいにならない。空腹なとき、どんなに食物の知識があっても、その空腹を満たす助けにはならない。食物を食べなければならないのだ。

食物の知識で空腹が満たされないのと同様に、バクティは神の知識によって増大されるものではない。

信仰者を満足させるために、または神を満足させるために必要なのは、愛の対象（神）との独特な関係だ。だからバクティは知識に依存するものではないのだ。そのことがここでみごとに述べられている。もしそこに愛あるいは信仰がないなら、知識は何の役に立つだろうか。そこに信仰があれば、彼はそれを神のほうへ向けるが、信仰は知識から生まれることはない。信仰はその人のうちにおのずから生まれるものだ。知識は補助的なものであって、誰に自分の信仰を向けるかを知るということはそれほど重要なことではない。これは一見矛盾するように思われる。シュリー・ラーマクリシュナは、「誰に信仰をささげるべきかを知らないで、どうして信仰を持つことができるか」とおっしゃっている。彼の言っている意味は、信仰の対象に関する知識は信仰を開花させる助けにはならないけれど、誰に信仰を捧げるべきかを知ることの助けにはなるということだ。しかし信仰は知識からは生まれない。それが、ここで心にとめておくべきことだ。

信仰はわれわれの知識に依存するものではない。それは独立している。われわれと王様のあいだの愛のきずなは、王様に関するわれわれの知識とは関係がない。王様の敵でさえ、王様に関する十分な知識を持っていることはあり得るのだ。神の性質について長々と論じ、この道に精通していると思われる人でも神への信仰はまったく持っていない場合がある。それは単なる知的な問題であって、人をどこへも連れて行ってはくれない、知性の訓練にすぎない。それが、ここで強調されていることだ。

さて、次のポイントがある。相互依存だ。誰かによって提案された相互依存（二九番でふれた）は非常に妥当な主張のように見える。もしわれわれが自分の信仰の対象を知っていれば、当然その信仰は正しく導かれるだろう。もしわれわれが自分の信仰に値する存在として神を知るなら、われわれの信仰は自動的に「彼」に向かうことができるだろう。

ナーラダの見解は違う。仮に人が何も知らないとする。するとその人は「彼」への信仰を持つことができないだろうか。また、結局神を知った後、誰が神への信仰を導くことができるのか。誰が「彼」を知っているのか。われわれの神に関する知識は非常に不完全で貧弱かもしれないが、それでもわれわれは自分の信仰を「彼」に向けることができるのだ。ここにもうひとつの定義がある。実にこの本の最初の定義で、「信仰はあるものに向けられた至高の愛である」と言っている。そこには、はっきりと「あるものに」と述べられており、それが何であるか、われわれははっきりとは知らないのだ。自分の信仰の対象について、はっきりした知識を持っていなくても、信仰はわれわれを最高の悟りにまで完全に連れて行くことができる。ここが重要な点だ。

バクティを生み出すための知識の助力はごくわずかなものだ。しかし、普通の人びとにとっては、このわずかな助けもおろそかにすることはできない。目的と方法をできるかぎりよく知るようにすべきだ。知ることが絶対に必要だと言っているのではない。しかしそれはしばしば助けになる。ひとつのたとえ話をしよう。ある男が人から「雄牛の尾にしっかりとつかまっていなさい。雄牛が君を天国に連れて行ってくれる」と聞かされたとする。男は眼をとじて、雄牛の尾をしっかりとつかむ。彼はやぶの中を引きずりまわされ、とげにひっかかれて傷だらけになる。それでも、自分は天国に行くところだと思っている。つまりこれは盲目的な人のたどる運命だ。それは彼を天国へは連れて行ってくれず、苦しみの連続となるだろう。行く先を知らないで、どうして進むことができるだろうか。目隠しされて広い野原の中に置かれたら、われわれはどこへも行けず、同じ所をぐるぐる回っているだろう。

つまり、眼を閉じての信仰はよくないのだ。眼を開いていなければならない。しかしこれは普通の人びとの場合のことだ。信仰はけっして知識に依存するものではないというのが、ナーラダの反論だ。バクティが、知識すなわちギャーナに依存するなどということは不条理だとナーラダは言う。バクティはあらゆるものから独立している。たとえ人が目標を知らなくても、（これはシュリー・ラーマクリシュナも同じことを言っておられる）彼が知らなくても、神が、彼が心の中で探し求めているものを御存じなのだ。彼は神になんと言って呼びかけたらよいのか知らない。彼は神の性質を研究分析する知識もない。しかし彼は信仰を持っている。まさにこの信仰が、必ず彼を目標に連れて行くだろう。

ただ世間一般の多くの人びとの場合は、その知識をもって出発したほうがよい。その知識は完全なものではないかもしれないが、それでも助けになるだろう。しかし極端な場合、ある人がまったく知識を持たず、しかし非常に真剣であるなら、そのとき彼の真剣さが彼をゴールに連れて行くだろう。結局それは盲目的な過程ではないのだ。神は全能だ。もし神が「彼」の信者が「彼」のことを知らないで、「彼」を探しており、どちらに行ってよいのかもわからないでいるのをご覧になれば、当然「彼」がお導きになるだろう。だから知識は絶対に必要というものではない。必要なのは絶対的な真剣さ、神の悟りへの渇望だ。それさえあれば他に何もいらない。その渇望ひとつが、彼をゴールに連れて行くだろう。そのことはシュリー・ラーマクリシュナによって、彼がこの世でサーダナ（霊性の修行）をお始めになったときに示されている。

アヴァターラ（神の化身）は、彼の生涯によって、ゴールに到達する方法とはどのようなものかということを人びとに示さなければならない。だからシュリー・ラーマクリシュナは、彼の生涯を通じて、ハートの渇仰心だけが人を最高の目標にまで導くことができるということをお示しになった。彼は最初のうちは、順序だった修行はいっさい実践なさらなかった。ただ子供が母を恋い慕うように、神のヴィジョンを慕い求めておられた。そして、その渇望が最高潮に達したとき、悟りがきたのだ。そのヴィジョンを得たあとはじめて、彼は組織的な修行をお始めになったのだ。なぜなら、これらのさまざまな道が唯一の究極のゴールに達するということを世の中に示すことも必要だったからだ。だから彼は種々の修行を実践なさったのだが、すでにこれらの修行を始めるずっと前に、いかなる特別な過程を通ることもなく、ただ神の悟りへの強烈な渇望だけによって、彼は「最高神」のヴィジョンを得ておられたのだ。これは何ものにも頼らず、渇仰心だけで、人は最高のゴールに達することができるということを示している。しかし、普通の人にとっては目標についての、またそれに達する道についての、いくらかの知識をもって出発するなら、その方が安全だ。そうでないと、あちこちさまようことになるかもしれない。私がここから東京タワーに行くとする。私はそれがどこにあるか知らない。あちこち歩き回って、最終的にはそこに着くだろう。しかし、もし私が道をよく知っていたら、当然あまり苦労せずにエネルギーを浪費しないで、もっと早くそこに着くだろう。しかし、たとえ何も知らなくても、もし私がしんぼう強く真剣で熱心であれば、目的地に着くだろう。渇仰心さえあれば究極のゴールに到達するのに十分であるという、その点がこのバクティの師によって強調されているところだ。人が、このような何ものにも屈しない熱意を持っているのであれば、目標は達せられるだろう。

これらは一見たがいに矛盾しているようだが、それらが与えられた背景を知るなら、そのおのおのの道の効用が明確になるだろう。信仰の道を進むために知識もカルマもヨーガも必要なのだ。それらはあまり回り道をせずに迅速に目標に達することを助けるという意味で有用だ。それと同時に真剣さと信仰だけが人をゴールに導くというナーラダの言葉も本当だ。彼がここに述べている結論は「解脱を願う人びとはバクティだけに頼るべきだ」ということだ。バクティはもっとも重要な要素だ。それを持っている人は目標を見失う恐れはない。確実にゴールに到達する。これが、ナーラダの強調するところだ。

ナーラダが信仰の道を強調するのは、彼がこの道の卓越した教師であったからだということは覚えておく必要がある。彼はこの道だけが解脱をもたらすことができると言うのだ。ではギャーナはどうだろうか。この信仰の道の提起者は、他の道について思い悩むことはない。彼にとって知識は不毛のドライな議論かもしれない。知識の道、識別の道は人をただ知的な思索に連れて行くだけであり、そこで終わるだろう。それは必ずしも人が「ブラフマン」になるという意味ではないだろう。人は学識によって「ブラフマン」を知っても、それが彼を「ブラフマン」にするわけではない。世の中には多くのヴェーダーンタ学者がいるが、彼らはみな悟りを得ているだろうか。

シュリー・ラーマクリシュナは「識別と放棄を伴わない、単なる学識が何をなしとげるだろうか。私は識別と神への愛を持たない学者を見ても、彼をワラクズとしか思わない」と言っておられる。ポイントは、どんなに博学な学者であっても、もうひとつの性質を持っていなければまったく値打ちがないということだ。

だからギャーナ・ヨーガの教師たちは、結局は知識が人を無知から解放するのだと言うだろうが、知識だけでは完全なものではない。無知をとり除く解毒剤は何か。知識だ。だからわれわれが知識を持たなければ、無知から逃れることはできない。それに応えて信仰者は、笑って言うだろう。「信仰があれば神がすべてのものを下さる。『彼』は正しい知識を与えることがおできにならないだろうか。私があなた方の論理と識別の方法を実践しなければならないと言うのか。私の神は全能だ。『彼』はあらゆるものを授けることがおできになる」

このように、バクティは自給自足なのだ。信仰者は、バクティだけではゴールに到達できないなどとは考えない。彼は強い確信を持っている。知識の人は「あなたは愚かだ。神が何であるかを知らない。それでいて神が解脱を与えて下さると言う」と言うだろう。このように両者の意見の相違は続き、今日でもそれは解決されていない。それは、気質の違い、心の態度の違いからくるものだ。

このように、彼らの見解は異なるが、われわれにはこれらのどの道でも、実地に即して採用すれば、それはわれわれを最高のゴールへと導いてくれるだろうということは、理解できる。それはシュリー・ラーマクリシュナもくり返しおっしゃったことだ。同時に彼は、信仰者たちと語るときには信仰を非常に強調し、知識の道の人と語るときにはその道を非常に強調なさった。彼はあらゆるもの、バクタであり、偉大なギャーニであり、また偉大な行為の人でもあられた。われわれは彼の中に、これらのどの道をとっても至高のゴールへ到達できるという例を見るのだ。

三四、偉大な教師たちは賛歌の中で、次のような信仰を得るための手段について語る。

三五、信仰は、楽しみの対象とそれへの執着を放棄することによって得られる。

三六、礼拝の実践を続けることによって（得られる）。

三七、普段の生活をしているあいだも神のお遊びについて聴き、それを歌うことによって（得られる）。

三八、しかし、主に偉大な魂の恩寵あるいは神の小さな恩寵を通して（それは得られる）。

バクティあるいは神への信仰を得るためのさまざまな方法について考えてみよう。ここでは、バクティ・ヨーガの偉大な教師たちが、信仰を得るためのさまざまな方法を説明している。ナーラダはバクティを得るためのこれらの方法について述べている。

バクティつまり信仰は、感覚の対象そしてその対象への執着を放棄することによって得られる。その方法がここに述べられている。

(一) 欲望の対象とそれへの執着の放棄。

(二) 神へのとぎれることのない完全な信仰。

(三)つねに神を想うこと、神に向かう継続的な信仰の流れ。

人は世俗の仕事に従事しているときも、神の栄光を唱え、他の人びとが神の栄光を唱えるのを聴くように努めるべきだ。このようにして心を絶えず神への想いで満たしておくべきだ。これらはすべて役に立つことだが、主としては、偉大な魂の人(神人)の恩寵によって、あるいは神ご自身の恩寵の一片によって、人は信仰を得ることができる。

最後の二つはなぜ述べられているのだろうか。それは次のような意味だ。幸運によって、ある偉大な魂の人を知り、その交わりを通してわれわれの内に信仰が芽生える。偉大な魂の人と交わることができ、彼の恩寵によって、バクティが自分の内に目覚めるかもしれないのだ。

しかし、なぜ例外があるのだろうか。われわれが偉大な魂とのふれ合いを求めていないときでも、ときどきそれが与えられることがある。神の恩寵によってわれわれの内にバクティが現れるのだ。バクティは神の恩寵を通してわれわれのまわりにある。つまり、神の恩寵が主たるものである。それはわれわれが気づかないうちに下される。われわれが気づかなくても、それに値しなくても、ときどきは願いもしないのに神はわれわれの上に恩寵を下される。われわれは神人との交流を探し求めなければならない。しかしときどき、人がそれをしないのに、理由もまったくわからずに、神の恩寵が下り、われわれはあのバクティを得るのだ。それだから、必ず神人との接触がなければならないというものでもない。それによらないでも、バクティを得ることはある。しかしわれわれが、それがくるのを待っていても全然こないかもしれない。神の恩寵はどのようにして下されるのかということを知る方法はないので、それを全然得られないかもしれない。われわれはまったく知ることができないのだ。もしそれが無条件のものであるなら、当然それを得るための方法はない。それだから、ここに二つのことが述べられている。第一に偉大な魂の人すなわち神人の恩寵。それはわれわれも探し求めることができ、得ることができる。第二にわれわれは神の恩寵のみによってもまた、信仰を得ることができる。これら二つのことは、ある人がたとえ求めていなくても彼の上に下ることのある、あの神の恩寵の偉大さを示すために述べられているのだ。恩寵は自然に、誰かの上にふり注がれるだろう。これを恩寵と呼ぶなら、それは無条件に下されるべきだ。恩寵は無条件でなければならない。恩寵とは、われわれがそれだけの徳を積んでもいないのに、それに値してもいないのに受けるもののことだ。つまりわれわれが誰とも交流せず、どんな修行もしていないということだ。しかし、神がその恩寵を誰にでも彼にでもお示しになるとは限らないので、われわれはそれを受けることなく、むなしくいつまでも待たなければならないかもしれない。それだから、もうひとつの部分が述べられているのだ。

ただ、神人とも容易に会えるものではない。神人との交流はまれであり、謎めいている。そのような神聖な交わりを持つという幸運に恵まれるのはまれなことなのだ。誰が偉大な魂の人なのか、どのようにしてその人に近づけばよいのか、どのような具合にその交わりが自分の内部に変化をもたらすのか、われわれは自分では知ることも判断することもできない。これらすべてが不可思議なことだ。これらの点を、理解することも理論づけることもできない。われわれの理解を超えたことなのだ。もしわれわれが神人と交流することができれば、それは間違いなく効果を生む。それは絶対確実な治療法だ。間違いなく効果を生むのだ。神人との交わりは無益ということはありえない。だから、もしわれわれが偉大な魂の人からそのような恩寵を受けるなら、自分は生死の大海を渡る手段を得たと知るべきだ。この交わりはわれわれをよみがえらせ、高徳な人間へと変容させるだろう。だから神人との交わりが、このように強調されているのだ。それがどのようにして変容をもたらすかについては知られていないが、もし人が神人との交わりを持つことができれば、神への崇高な信仰を目覚めさせる効果があることは確かだ。

三九、神人との交わりは、理解することも得ることも難しいが、結果が生まれないことはけっしてない。

この格言は神人との交わりを賞賛している。第一にそれは、ドゥルラバつまりそのような人に容易に会えるものではないということだ。なぜか。たとえわれわれが偉大な人のそば近くにいても、彼との実際の交流は起こらないかもしれない。ただそばにいるというだけでは何も起こらない。たとえば、あのドッキネッショルの寺院の中で暮らしていた人びとや、近くに住んでいた人びとの場合だ。彼らは毎日のようにシュリー・ラーマクリシュナに会っていたし、肉体の上では彼の近くにいた。しかし彼らが彼とのあいだに真の交流を経験していただろうか。いや、なかった。肉体の上ではごく近くで接触していた人びとでさえ、そのような交流は持たなかった。ゆえに、神人との交流を持つことはむずかしいのだ。単に身体がそばに居るというだけでは、神人との交わりとは言えない。それだけでは役に立たない。そのような人のすぐそばにいても、彼との交流はないかもしれないのだ。

これに関連して思い出すことがある。ひとりの紳士がウドボダン（コルカタにあるマザーズ・ハウス）にやってきた。われわれはスワーミー・サーラダーナンダを囲んですわっていた。その紳士がふと、「私はサードゥ・サンガ（神人との交わり）を得たいと思って参りました」と言った。すると、スワーミー・サーラダーナンダが、さっき言ったように、ドッキネッショルの寺院に住んで朝夕シュリー・ラーマクリシュナに接触していた人びと、また近くに住んでやはり毎日のように彼に会っていた人びと、その中に誰ひとりとして宗教的に目覚めた者はいなかった、と言った。特に「誰ひとりとして」とおっしゃったのだ。

四〇、それ（聖なる交流）は「彼」の恩寵によってのみ得られる。

四一、なぜなら、神と神人とのあいだには差異はないからだ。

四二、必ずそれ（聖なる交流）だけを獲得せよ。

ここまで、神聖なる交わりの重要性についての議論が続き、四二番の格言で結論が出されている。ここでは、それがくり返し強調されている。

ナーラダは神人との交流は、容易に得られるものではないと言っている。なんとかしてそれを得たとしても、それは神の恩寵のみによるものだ。ただめぐりあうだけでは十分ではない。そこには心の交流つまり霊的な交流があるべきだ。それがなければ、ただ偉大な魂の人の近くにいるというだけでは、何の助けにもならない。だからそれは誰にとっても、偉大な人のそばで暮らしている人びとにとってさえも、難しいのだ。第二に、それは不可思議である。その交流が、どのようにしてその人が知らぬ間に彼の内部に変化をもたらすのか、われわれにはわからない。彼はそれに気づかない、彼は知らない、それでも変化は、彼のほうでは何の努力もしないのに、どのようにして変容させられるのかも知らないのに、やってくる。しかも間違いなくやってくる。それは必ず結果を生むのだ。その効果は、むなしいということは絶対にあり得ないというほど確実なものだ。それはつねに、その当人の内部に神人への深い信仰の火をともすという結果を生み出す。ゆえに、恩寵によってのみ、このパラ・バクティつまり至高の信仰は得られるのだ。はじめのうちは理解できないけれど、ついには必ずこの効果がやってくる。それは神の恩寵のみによってくるのだ。聖者の恩寵と言っても、それは結局、神の恩寵だ。神の恩寵によってのみ、われわれは偉大な人びととの交わりを得ることができるのだし、何の徳も積んでいないのに内部の変容を受けることもできるのだ。神の恩寵によってのみ、神聖なる交わりは得られる。なぜなら、神と神人とのあいだには差異はないのだから。神と神人は同一だ。人があの神意識の段階に達すると、彼は神とひとつになる。だから、彼との交わりは、神聖なる「実在」つまり「神ご自身」との交わりだ。聖者の恩寵は、神の恩寵なのだ。したがって、究極には、われわれの内部にあの信仰を生じさせるのは神の恩寵だ。これが、ナーラダの最後の結論である。

要するに、ある人がなんとかして聖者にめぐりあい、彼自らも聖者に変容したとする。それは完全に整い、明らかでもある。しかし、聖者の恩寵は形を変えた神の恩寵にほかならないということは、覚えておくべきだ。それは神のお道具を通して流れ、そのお道具は「彼ご自身」とひとつのものだ。だから、神の恩寵と聖者の恩寵とのあいだには差異はないのだ。そこでナーラダは「それ（神の恩寵）にたよれ、それだけに」と言うのだ。つまり、ゴールの獲得、それが信仰であるが、それを導くものなら何でも行うべきだというのだ。ナーラダは、至高の信仰を恵まれる道であるこれらの方法に頼ろうとしないで、あなたの貴重な人生を浪費してはならないと戒めている。彼は強調するために、それを何回もくり返している。まるで「実行せよ、実行せよ、今すぐに」と言っているように。われわれの時間を浪費すべきではないというのが、彼の考えだ。これが、ナーラダが述べていることの積極的な面だ。

四三、神聖でない人びととの交わりは絶対に避けるべきだ。

四四、なぜなら、それは欲情、怒り、妄想、神を忘れること、識別力の低下、完全な破滅などをもたらすから。

四五、神聖でない人びととの交わりのために、これらのことははじめはさざ波のようだが、次第に大海へと拡大する。

消極的な面では、悪い人びととの交わりは絶対に避けるべきだと、ナーラダは言っている。つまり、聖者との交わりを求め、悪い人びととの交わりは避けるべきだということだ。なぜ、悪い人びととの交わりは避けるべきなのだろうか。

ナーラダはそれをこの格言で説明している。それらは欲情、怒り、妄想、神を忘れること、識別力の喪失などの原因となるから避けなければならないのだ。悪い人びととの交わりは、これらすべてのものの原因となるからだ。それは、われわれの内に欲情を呼びさます、怒りを呼び起こす、妄想をつくり出す、神のことを忘れさせる。これらすべてのことが、悪い人びととの交わりによって起こる。だから、それは絶対に避けなければならない。ナーラダはこのことを非常に強く主張している。

問題は、われわれがときどき同情的な態度をとることだ。悪い人がそこにいるとする。われわれは「避けなくてもよいではないか。彼が悪くても、そのままにしておけばいい、それは私には関係のないことだ」と理屈を言う。そのような調子で、悪い人との交際を、求めはしないが辛抱するのだ。ナーラダはそれにも反対する。今日は辛抱しているが、明日はその感化を受け、次には彼が好きになるかもしれない。そのようにして悪い交わりはじょじょにわれわれを堕落させるだろう。ちょうど、善い仲間がわれわれの内に信仰を目覚めさせるのと同じように、悪い仲間はわれわれの心に欲情や怒りや妄想など、すべての悪い傾向を目覚めさせるのだ。

「ギーター」では「執着から欲望が生まれる」と言われている。(二・六二)誘惑の対象物に囲まれて暮らしていると、その結果はすぐには現れないかもしれないが、知らぬ間にじょじょに心を染めてゆき、われわれは欲情、怒り、妄想などに満ちた世俗の人間に変わっていくだろう。

それだから、自分が悪い仲間を避けているかどうか、十分に注意して観察しなければならない。多少、同情心に欠けるように思えるかもしれないが、神を求める者の安全のために必要な、絶対に必要なことだ。そのような悪い人びととの交わりは避けるべきだ。

人が信仰の道で高い境地に達した場合には、そのような交わりも彼に影響を与えることはないだろう。しかし、初期には神を求める者として、悪い仲間は注意深く避けなければならない。そうしないと、彼の心は必ず引きずり下ろされる。それだからここでは、この点が非常に強調されているのだ。

同情的な考えをもって「現実的な態度をとろう。悪い仲間から離れていることは難しい。彼らとも交わろう。しかしその影響を受けないように気をつけていよう」と言う人もいるかもしれない。それは現実的な考え方であるかもしれないが、この現実性がついには破滅をもたらすのだ。われわれが気づかないうちにじょじょに心は染められるだろう。その影響力はとても強いので、われわれの心の中に入り込み変容させるのだ。善いものが人を善人に変えるのと同じように、悪いものは彼を知らず知らずのうちに悪人に変えるのだ。ただまれな例外として、いま言ったように、善悪を超えた高い境地に達した人、神の愛に浸りきっている人の場合には、そのような交わりが彼に影響を与えることはない。逆に神人との接触が悪い人間をじょじょに変えていくだろう。

しかし、普通の求道者は、悪い仲間に影響されることがないように極力用心しなければならない。それは彼の状態を低下させ、神の道から引き離すだろう。ナーラダはこれを非常に強調している。最初は、情欲や怒りなどは心中のさざ波としか見えないだろう。しかしそのような悪い人びととの交わりによって、それらは大海のように拡大する。

人は心中に善悪あらゆる傾向を持っている。悪い傾向は潜在的な状態にとどまっているだろう。そのような傾向はたいした影響力はなく、彼の心を変えもしないだろう。彼は、言わば傍観者として、それらの波が高まったり沈んだりするのを見ている。これは「ギーター」も教えていることだ。これらの傾向はそこにあっても、われわれが気をつけていれば、そして心を高い状態に保っていることができるなら、さざ波はさざ波のままであり続け、何の影響ももたらさず、じょじょに消えていくだろう。それらは彼を変えることはない。彼に道を見失わせることもないし、神を忘れさせもしない。

「悪い人と交わっているときには注意せよ、そのような交わりはあなたの心のさざ波を大海に変えるであろうから」と言われている。つまり、われわれの情欲、怒り、妄想等が著しく拡大され、自分では制御しきれなくなるというのだ。ゆえに、人はつねに注意して、絶対に悪い交わりは避けるように努めなければならない。けっして、自分は強いからそのような影響は受けないなどと考えてはいけない。そのような自己過信はつねに破滅をもたらす。

四六、誰が幻影の海を渡るか。悪い人との交わりを捨てる者、霊的な人びとに仕える者、利己性を放棄する者である。

四七、人里離れた所に住み、世俗の束縛を根絶し、三つのグナ（サットワ・ラジャス・タマス）を超え、世俗の対象物を得ることや幻影の海を渡るという考えを放棄する人。

四八、行為の結果をすべて諦め、すべての行為を放棄する人は、二元性から解放される。

四九、ヴェーダによって命じられている行為さえも捨てる者、彼だけが不断の愛を得る。

五〇、彼はマーヤーの大海を超えて行くだけではなく、他者がそうすることも助ける。

誰がマーヤーの大海を渡りきるか。誰が迷妄を超えて行くか。第一に、執着を捨て、感覚の対象とのすべての接触を取り除き、そしてすべての感情を制御する人だ。

第二は、偉大な神人に仕える人だ。「ギーター」(四・三四)に言われているように、偉大な神人と交わるということは、謙遜をもって、知りたいという願いを持って、質問をしながら、そして奉仕をしながら、知識を受けることを意味する。奉仕は、彼の心を、神人の恩寵を受けるにふさわしい状態に準備する。それは、神人をなだめて恩寵を与えさせるという意味ではない。彼の恩寵は無条件にくるのだが、われわれのほうがそれを受けるにふさわしく自らを準備しなければならないのだ。われわれの内部に受容力がなければならない。われわれが神人に仕えるとき、われわれは、彼が不断に放射している偉大な思想の真理を受けることができるように、自らを調節するのだ。われわれは彼への奉仕を通して、その偉大な思想を受けることができるだろう。ゆえに奉仕は、偉大な人自身にとってではなく、彼の恩寵を受けたいと願う者が、自分を準備するために必要なものである。そのような奉仕を通して、彼の心は偉大な思想に対する受容力を得る。

第三に、（私が・私のもの）という観念を捨てた人だ。所有の観念は捨てられるべきだ。もしわれわれが所有欲に満たされていたら、内部に恩寵の働く余地がないだろう。恩寵がわれわれの上に働くためには、われわれは「私はぜひ、これこれの人から恩寵を受けたい」という受容力のある態度をとるべきだ。われわれが所有の観念に満たされていたら、心は新しいものを受け入れることができない。私はこれを持っている、あるいは私はあれを所有していると思うと、すぐにもっと持とう、もっと持たねばならぬという欲望が現れる。心はそれにとらわれて、（私のもの）という考えが心を他のものに引きつけて、そのために偉大な魂の人びとの恩寵を受けないのだ。シュリー・ラーマクリシュナがおっしゃったように、水は地面のくぼんだ所にたまるが、土手の上にはとどまらない。師は「自己中心的な人は神を悟らない。それがどのようなものかわかるか。雨水が集まることのできない、水が流れ落ちる高い土手のようなものだ。水は低いところに集まる。そこで、種は芽を出し、木に成長する。そして木は果実をつける」とおっしゃった。

ゆえに、二つのことが必要だ。受容の態度と謙遜の心だ。われわれは神の恩寵あるいは神人の恩寵を受けたいと願うが、もしわれわれが、（私が・私のもの）という意識に満たされていると、受容力がなくなる。「誰がマーヤーの大海を渡りきるのか」という質問が出されている。それに対して次のような答えが与えられている。

（一）感覚の対象への執着を捨てた人。
（二）偉大な人、すなわち神人に仕える人。
（三）（私が・私のもの）という所有の観念を捨てた人。
（四）人里離れた、清らかな場所によく行く人。

さて、この（四）は、まったく気を散らすことなく、この道の追求に専念する上でとても重要なことだ。さまざまな人びとが世間の営みに没頭し世俗のことを語り合う社会の騒がしさのまっただ中に住んでいれば、当然心はかき乱されるだろう。だから、第一に必要なものは、そのような心を散乱させることから遠く離れた場所だ。そして、そこが神聖な神にゆかりのある場所であれば、なおいっそうよいだろう。そのような場所では、心は自然に神に向かう。そういうわけで、ひとりだけで静かに過ごせる場所は非常に大切なのだ。

（五）三界の楽しみへの束縛を克服した人。

三界とは、この世と、それより高い二つの世界、すなわち神々や女神たちのすみかである天国と、それよりは低い中間の世界だと考えられている。人びとが、行って天国の楽しみを味わいたいと願っている所だ。それゆえ、この世の楽しみを放棄するだけではなく、天国などのもっと高いこのような世界の楽しみをも諦めなければならないのだ。そこでは、楽しみは多種多様であり、もっと強烈であり、もっと長続きのするものであり、質ももっと高度なものだと想像される。楽しみは実に豊富なのだ。これらの高い世界は、楽しみの世界だと想像されている。さて、これら三界の楽しみへの欲望は心から根絶されなければならない。

心は楽しみを渇望するが、この渇望は完全に除かれなければならない。強調するために、「完全に根から引き抜かれなければならない」という表現が使われている。それらを除くだけでなく、再び芽を出すことがないように、完全に根こそぎにするのだ。それが要旨だ。植物を切っても、根が残っていればまた芽を出すだろう。芽の出ることがないように、根が除かれなければならない。快楽の対象もある程度われわれを縛るが、根はもっと大きな束縛だ。なぜなら、根が取り除かれなければ、また別の形で芽を出すからだ。

（六）三つのグナから解放された人。

三つのグナは、サットワ・ラジャス・タマスだ。それらは、この世界の根本を形成しており、創造の根本すべてのものの根本を形成している。これらのグナつまり性質は、人を縛るものだと見られている。（「ギーター」一四・五）それが、三つのグナの本来の概念だ。これらのグナは超越されなければならない。タマスは惰性だ。ラジャスは活動性であるが、この活動性は快楽を求めるための活動にわれわれを導くだろう。それはわれわれを快楽の対象で縛る。サットワはわれわれを幸福に結びつける。それはわれわれに喜びを提供する。苦しみはラジャスから生まれ、惰性はタマスから生まれる。（「ギーター」一四・九）ゆえに、すべてのグナは超越されなければならない。それらを超えた人が、マーヤーの海を渡りきるのだ。

（七）楽しみの対象の獲得や保持という考えを放棄した人。

このようなものを放棄した人びとは、迷妄を超えて行く用意ができているということだ。われわれはあるものを持ち、それを持ち続けたいと思うことがある。また別の場合には、持っていないものがあり、それを得たいと思うこともある。欲望は、この二つの形のどちらかだ。どちらも持つべきではない。これらすべてが放棄されなければならない。

（八）行為の果実を捨てる人。

われわれが行為をするとき、そこにはその行為の果実すなわち結果を得たいという願望がある。神人は、すべての行為の果実を放棄しているだろう。つまり、自分がそれから利益を得ようという動機を持って、何かをすることはないということだ。カルマは、いかなる執着もなしに、いかなる利己的動機もなしに、またそれによって自分が何かを得ようという考えもなしに行われるだろう。そのようなカルマは人を縛らないし、束縛を与えない。われわれがそれから何かを得ようという意図をもって、ある行動をすれば、その行動そのものがわれわれを迷妄に結びつけるのだ。だから、行為の果実は捨てなければならない。

（九）すべての行為を放棄する人。

ここで言う行為は、聖典に命じられている儀式のことだ。これらのものもわれわれを迷わせるので、放棄されなければならない。（これらは宗教的利益を求める別のタイプの人びとのためのものだ）これらを捨てることによって、われわれは快苦などのような対立から解放され、マーヤーを超えて行くことができる。

（一〇）途切れることのない神への渇仰心《かつごうしん》を持つ人。

神を求める渇仰心は、止められたり弱められたりしてはならないが、調節されなければならない。そこには、神の悟りつまり神の信仰への不断に燃える願望がなければならない。その願いは、ランプの炎のように、またはひとつの器から別の器に移される途切れることのない油の流れのように、いかなる中断もなく、不断に燃えていなければならない。心が少しの間断もなく、そのように神を思い続けるとき、その心は神の悟りにふさわしい状態になる。このように、ここには神の悟りを得るための方法が述べられているのだ。それは素朴な説明だが、非常に力強い。われわれに理解できないことや、われわれが実践しようと努めることができないようなことはひとつも言われてはいないのだ。

神への絶え間ない渇仰心などは獲得できないという問題が起こるかもしれない。たしかにそれはすぐには持てないかもしれない、しかしそれに向かって努力すべきだ。不断に神を思うことができるように、神への途切れることのない信仰を持てるように熱心に努力してみるべきだ。それをしてはじめて、神の悟りが可能になるのだ。さらにこの可能という意味は、そのときはじめてわれわれは神の恩寵を受けるにふさわしい者となるということだ。神の恩寵はわれわれに授けられる、ただわれわれはそれを受けなければならない。われわれが自分自身をそのように準備すれば、そのときにはじめてその恩寵を受けることができる。そうでなければ、それはわれわれを益することなく行ってしまうだろう。たとえ神の恩寵であっても、われわれの内に実らないだろう。その意味は、神は世俗の人を神人にすることもできるということだ、それに疑いの余地はない。ではその目標を成就するためにわれわれは何をしなければならないか、それがここに述べられている。しかしこれらすべての努力をもってしても、われわれは必ず神の悟りを得ると決まっているわけではないということもはっきりと言われている、なぜなら恩寵がこのことの主たる要素なのだから。手段もここに述べられているのは、それらの手段によってわれわれがその恩寵を受けるにふさわしくなるように努力することができるからだ。その方法は実に簡単で合理的だ。われわれはすみからすみまでよく理解することができる。難解な哲学的用語などはひとつもない。学識がなくても、言われていることはすべてよくわかる。全力をつくして実践に努めるのは、われわれしだいだ。もし努力するなら、実践するなら、神の恩寵によって成功の希望は目の前にある。われわれは、これらすべてを神の恩寵によって受けるのだが、そのためにはわれわれ自身がそれを受けるにふさわしくなければならない。われわれ自身がその恩寵を受けることができなければならない。これらは、その恩寵を受けるための修行だ。

五〇番の格言では、このテーマの議論を締めくくるために言葉が二回繰り返されている。

五一、至高の愛の性質は言葉を超えている。

五二、それは耳の不自由な人（聾《ろう》の人）の経験に似ている。

五一番の格言では、プレマすなわち神性の愛について述べられていた。信仰の真の性質は説明不可能だ。それはぴったりとした正確な分析や定義や適切な説明を拒むのだ。この愛は何であるか、この愛の内容は何であるかということは、見いだすことも分析することもくわしく描写することもできない。なぜ、できないのか。それは唖《おし》（話すことの不自由な人）の人が味わった味のようなものであるからだ。唖の人が何か甘いものを味わったときの喜びの経験のようなものだ。彼はそれを楽しんでいるのだが、言葉にあらわすことができない。彼は唖なので、感じているがその感じを表現することができない。彼は唖だから何ひとつ言いあらわすことができないのだが、この神性の愛は、唖であろうとなかろうと、誰もそれを言葉にあらわすことはできないのだ。神の悟りあるいは神の愛だけではない。人間の普通の愛であっても、われわれはそれを描写することができるだろうか。いや、できない。それは、それ以上の分析や説明を許さない本質的な原理なのだ。母親が我が子を愛する。哲学者がきて、「あなたは、その子供への愛がどのようなものであるか、説明することができますか」とたずねるとする。母親は当然「いいえ、できません。でも感じることはできます」と答えるだろう。その愛が神に向けられたなら、いっそう説明不可能なものになるだろう。それに言及《げんきゅう》する場合、われわれはさまざまな説明をする。しかしそのとき、同じ経験をしていない人びとに言葉が何らかの確信を与えるだろうか。もうひとりの母親だけが、子供への愛がどのようなものであるかを知っている。なぜなら彼女は同じ経験を持っているから。しかし話すことはできない。彼女はそれを他の人に説明することはできない。せいぜい、子供を持たない人に向かって「あなたが子供を持てば、おわかりになるでしょう」と言うくらいだろう。子供への愛の味を知らない人びとはただ「これは何だ。なぜその子供のために、そんな大騒ぎをするのか」と言ってバカにする。人びとには理解できないのだ。もうひとりの母親だけが、それが何であるかを理解する。

それとまったく同じように、神への愛は感じることはできても説明することはできない。同じ感情を持つ人びとは理解する。同じ感情を持たない人びとは、ただ「これは何だ」と言ってあざけるだけだろう。

これに関連して、少し前に起こったある出来事を話してみよう。ある所で、おおぜいの人びとがイニシエイションを受けていた。彼らの中に、幼い子を連れた女性がいた。誰か別の人が外で子守をしており、イニシエイションは進行しつつあった。儀式のちょっとした切れ目に、彼女は外に出ようとした。子供が泣いていたからだ。彼女はそれを聞いたのだ。他の人びとも泣き声は聞いたが、彼らは気にとめなかった。母親の心はそうは行かなかったのだ。彼女が出て行こうとしたとき、子供の父親がやってきて、「いま、機嫌をとっているから大丈夫だよ」と言って、彼女をなだめようとした。すると、その母親は、夫に向かって腹を立てた。今度はブラフマチャーリ（見習い僧）のひとりがきて、仲に入った。彼女は彼に「どうぞ放っておいて下さい。あなたにはおわかりにならないのです」と言った。私にはその気持ちがよくわかった。母親が子供をどんなに思うかということは、われわれには理解できないのだ。それがハートに目覚めたとき、他のいっさいは忘れられる。同様に、神への愛が目覚めたとき、それは子供に対する母親の感情よりはるかに強烈なもの、それの無限倍も強烈なものだ。他者がそれを理解することはできない。母親の態度が母親でない人には理解できないのと同じように、信者の抱く神への渇仰心は、同じ経験を持つ人以外にはけっして理解することはできない。たとえ説明せよと言われても、われわれには説明することができないのだ。人が神に対して抱くこの感情についてわれわれに言えることはせいぜい、自分たちがその感情を経験するときのありさまをそのままに、そのような人は涙を流すだろう、心が休まらず平安を感じることができないだろう、などというように言葉を変えて説明するだけだ。しかしそれは、分析でもなければ説明でもない。その感情は描写不可能、分析不可能であるという事実は変わらない。それは唖の人のそれのように、ただ経験できる感情だ。経験者がその感情を表現することはできない。彼は自分の内部に起こっていることを表現することができないのだ。

五三、それ（プレマ）はふさわしい者のハートに自らを現す。

信仰は、誰であれ、自己をそのような表現にふさわしい状態にした者の中に自らを現す。さて、この状態を自然に何の努力もせずに持つことができる者はひとりもいない。それは不可能なことだ。それは、その恩寵を受けるにふさわしい誰かの中に啓示されるのだ。

そのようなふさわしさを持っている人はまれだ。それは説明不可能であるけれど、分析不可能であるけれど、自分をそれを受けるにふさわしい器《うつわ》とした人の中に自らを現す。

これに関して、疑問が起こるかもしれない。「もしあるものが説明不可能なら、なぜわれわれはそれについて語るのか。もし誰もそれを表現したことがないのなら、そしてそれについて聞いている人びとも悟っていないのなら、このようなものが存在すると言っても何の面白みがあるだろうか」それに対する答えは「このような神の愛のようなものがある」ということだ。なぜなら、ものの存在はそれの経験によってのみ証明することができるからだ。だからこの格言で「そうだ。それは、それを持つにふさわしい人の中に自らを現すことができる」とつけ加えられているのだ。そしてその資格はわれわれが今までに述べた方法によって得ることができる。だから、それが説明不可能というだけの理由で、それは存在しないのだと信じるようなことをしてはいけない。それは存在する。なぜなら、それは自己をそれを受けるにふさわしい器にしたまれな人びとの中に自らを現すのだから。

プレマがここで説明された。もう一度繰り返そう。それは、描写の不可能な愛のようなものだ。それは、唖《おし》の人が味わった味のようなものだ。彼は味わうのだが、それを表現することはできない。この神の愛は、それを受ける資格のある人の中に、この啓示を受けるにふさわしい人の中に示される。つまり、それは描写不可能ではあるが、それを経験した人が全然いないということではない。それはその啓示を受けるにふさわしい人の中に確かに示されているのだ。

五四、それ（プレマ）は属性を持たず、何の欲望も持たず、不断に刻々に増大し続ける。それは中断されることのない内的経験で、もっとも精妙なものより精妙だ。

「すべてのグナ（属性）の束縛を受けず、すべての欲望から解放され、つねに増大している」というのが、プレマのさらなる描写だ。それは、このように描写された一種の経験だ。それは、悟りのようなもの、経験のようなものだ。その経験は直観であり、グナ（サットワ・ラジャス・タマスという三つの属性）にしばられず、すべての欲望から解放され、つねに増大し続け、中断されることはない。それはもっとも精妙なものより精妙だ。

これが、この愛を説明するために用いられている表現だ。この表現の一節一節が、この神への愛の特徴を克明に示している。知識の人は三つのグナを超越すると言われるが、内にこの神の愛の啓示を受けた信仰者も同様に、三つのグナを超越するのが見られる。

三つのグナはそれぞれの特徴を持っている。第一に、サットワは幸福につながる。その幸福は、対象から得られるものであり、いまきて次の瞬間には去る幸福だ。それがサットワから得られる幸福、最高級のものだ。

第二の性質はラジャスだ。ラジャスは人を活動させ、つねに活動的にする。内にこの神の啓示を受けたバクタは、もうそのようにはならない。活動的な性質は示さない。彼はつねにこの神の愛に夢中になっているからだ。この神の愛への没入が、彼が外面的な活動に頻繁にたずさわることを不可能にする。

第三に、不活動がタマスの性質だ。信仰者は不活動性を持つことはない。彼は不活発ではない、彼は木の切り株や石のような不活動ではない。それは夢中にさせる経験だ。不活動はすべての経験の欠除であり、心の眠っている状態だ。心が眠りに入るとき、それがタマスだ。

そういうわけで、彼は三つのグナに縛られることはないし、すべての欲望からも解放されている。すべてのものは彼にとって無益なので、彼は何ものに対する欲望も持たない。彼の心はあまりにも神に夢中になっているので、何ものの必要も感じないのだ。このように、彼は外界の対象物への欲望から解放されている。そこには内面的な欲望さえない。われわれは内面的な欲望を持つかもしれない。たとえば、心の感動の楽しみだ。しかし心が神への愛で満たされているので、それもここでは求められることはない、したがってそのときには何ものも熱望されることはないのだ。そしてもうひとつの性質、この経験の非常に特異な性質は、それが言わば拡大し続ける、強烈さにおいて増え続けるということだ。前にも述べたように、その継続は果てしがない。それは永遠に続く流れだ。そしてそれだけではなく、無限に増え続けるのだ。

このようにして、描写できないものが述べられている。それは経験のようなものだ。それはすべての属性を持たず、利己的な行為をするすべての特徴と傾向性から解放されている。それは同質の主体的な経験のようなものだ。それはもっとも精妙なものより精妙で、ある状態を達成した結果として自動的にそれ自身を現し、刻々と拡大する。それが生み出されると、固定されたままではない。それは不断に増え続け、拡大し続けるという意味で、非常にダイナミックだ。だからそれは描写することができず、人はそれについて詳しく述べることができないのだ。神を愛する人はこの強烈なあこがれを、生涯間断なく持ち続ける。それはときどき思い出したようにくるのではなく、永遠にとどまり、増え続ける。

人間の愛はすべて欲望を伴っている。しかしここにはぐずぐず長引く欲望はない。神への愛が生み出されると、それは一方通行だ。信仰者はその愛を神に捧げることだけを望み、けっして何の見返りも期待しない。それがポイントだ。それがこの愛の特別な性質だ。内にそのような愛を得た者は、神から何のお返しも求めないのだ。彼は幸せだ。彼は愛を与え、けっして見返りを期待しない。神にお返しを求めるという考えが彼の心にはない。だから、神を愛する人は与える人であって受け取る人ではないのだ。彼は乞食《こじき》ではない。彼は物乞いをしない。彼は自分の心を絶え間のない流れのように、神の方へ不断に流れることにただ任せている。そしてその流れは永遠に広がっている。愛が流れれば流れるほど、それはもっと大きくもっと強くもっと開放され、信仰者はその愛の中に没入する。

五五、プレマつまり至高の信仰を得たあと、人はそれだけを見、それだけを聞き、それだけを語り、それだけについて考える。

この愛はもっとも精妙なものより精妙なので、描写することができない。しかし、それにもかかわらず、それは肯定的な経験だ。だから、それは経験のようなものであり、無視することもできないし、存在しないと言うこともできない。この神への愛の確実な経験が信仰者の心の中にあるというまぎれもない事実は、われわれがそれは存在しないと言うことを妨げるものだ。他の人びとはこれと同じ経験を持たないかもしれないが、必要な資格を持つ信仰者、ハートにプレマを秘める能力のある信仰者はそれをふんだんに持っているのだ。それが、ここに言われていることだ。それは刻々と増え続ける。

それからここに「この愛を得ると信仰者は他の何ごとにもたずさわらなくなる」とつけ加えられている。そのことがさらに詳しく「その愛を得たら人はそれだけを見る」と述べられている。「見る」というのは、われわれが見たり聞いたりする動作のすべてを指している。これらのはたらきのすべてが、この愛ひとつに吸収されるのだ。だから信仰者はそれを聞く、それを見る、それについて話す、それについて思う。そこには他の何ものを考える余地もない。心はその愛だけに完全に奪われてしまうのだ。

それが、ここに描写されている至高の愛だ。要約すれば、それは描写を超えた愛だ。しかし、それにもかかわらず、それは経験というひとつの事実であり、しかもその経験は人の心を他のすべての想いから解放するほどのものだ。心はその想いひとつに完全に吸収される。それがつまり「彼はそれを聞き、それを話し、それについて思う」と言うことによって表現されているものだ。それは、その愛への完全な没入であり、刻々とその量が増大する。その流れはけっして中断されない。そしてそれはもっとも精妙なものより精妙であるから描写することができない。これが、至高の愛の特徴として述べられているものだ。

五六、初心者の信仰は、三つの性質（グナ）の支配、あるいは苦悩からの解放を求める求道者の性質のために三段階に分けられる。

五七、これらのうち、先のものが後のものより優れている。

バクティは二種類に大別されてきた。ひとつは至高の信仰、パラ・バクティ、もうひとつはガウニ・バクティ、それより劣った信仰だ。さて、ガウニ・バクティ、すなわち第二級の信仰は、サットワ・ラジャス・タマスという三つの性質によって三段階に分けられる。これらの中で、サットワ的な信仰はまったく非利己的なもので、神への完全な没入だ。この信仰者の心の中には彼自身のための何ものかへの欲望はない。だから、サットウィカと呼ばれるのだ。ラジャス的信仰は、一種のギブ・アンド・テイクがあることを意味する。「私は神を愛します、神も私を愛して下さいますように」というふうに。タマスは惰性を意味する。そこには、あの豊かな愛はない。心が、あたかも夢の中で動いているように、その愛に向かって這《は》い進んでいるというだけだ。心がつねにその思いに満ちているというふうに目覚めているわけではない。それだからターマシカと呼ばれるのだ。このタイプの信仰は、求道者が自分自身の喜びと幸せだけを求め、愛の対象のことは気にかけないことを意味する。このように、利己的な動機による神への愛はタマス的バクティと呼ばれる。シュリー・ラーマクリシュナは「バクティにさえ、三つの状態、サットワ・ラジャス・タマスがある。タマス的なバクティを持っている者は激しい信仰を持つ。そのような信者は文字どおり神から恩恵をゆすり取る、まるで強盗が人に襲いかかって金を略奪するように」といっておられる。だから、最初のタイプは純粋に非利己的であり、二番目はギブ・アンド・テイクの性質を持ち、三番目は取るだけで与えることはない。これらが三つの資質による、信仰者の三つのタイプだ。この分類については、「バーガヴァタ」の中のデヴァウーティに対するカピラの助言に、その記述が見られる。

もうひとつの分類は、四つのタイプの信仰者（アルタ、ジジュニャース、アルタールティ、ギャーニ）のうちの三タイプだ。この四つの中の最後のものは、ガウニ・バクティについて考えるときには省略される。そこで、これら三つのうちで先行するものが後続のものより優れていると、ここでは述べられているのだ。つまり、アルタはアルタールティより偉大だ。「ギーター」で、この四タイプの信仰者について述べられている。（七・一六）ナーラダは三タイプだけを考慮している。ナーラダによると、アルタは自分ではどうしようもないので神を求めている人のことだ。彼はこの世の不幸のために苦しんでいるので、神に祈っている。信仰の王道に入るこの道は、ものごとについて知ろうとするジジュニャースの道よりよい。彼はその感じをまだ持っていない。ジジュニャースより低いのが、自分の利己的な欲望を満足させるためだけに神を求めるアルタールティだ。

五八、その目的は、信仰の道による方が他の道よりたやすく得られる。

この格言は非常に重要だ。信仰は、他の道すなわちギャーナやカルマより容易に得られると、言っている。つまりバクティの道を通して、もっと楽に目標に到達することができる。その理由は次の格言で説明されている。

五九、それは、それ自身が証拠であるから、他のいかなる証拠にも依存しない。

他の道によるよりも、バクティを通して神はもっと容易に得られるということは、前にも述べられたことだ。この主張の根拠が、この格言で述べられている。バクティは他のいかなる推論や議論にも依存しないと言われている。それ自体が証拠であり、他のいかなる証拠にも依存しない。それは自明のことだ。人がそれを得たら、自分の持っているものは本物だろうかどうだろうかなどという疑問は彼の心には起こらない。そのような疑問は信仰者の心には現れないのだ。他の場合には疑問が起こるだろう。人が経験する行為は疑問に従属する、それについて疑いがあるからだ。

カルマの道を通して、人はある目的を達成することができるが「この行為は実際に望んでいる結果をもたらすのだろうか」という疑いはそこにあるだろう。カルマの道にはつねに疑問がある、なぜならそこに確実な証拠がないからだ。ギャーナでは、人は絶えず議論をしていなければならない。だからそれは議論の力に依存する。人の知識、議論、論理的説明が自分を「真理」に導いているという証拠は何か。もしそこに何かの根拠があれば、そのときはじめて、人はそれを受け入れることができるが、そうでなければ無理だ。

しかし、信仰の道では、そのような問いかけは起こらない。それを得た人はそれの実在を確信し、彼の心にその実在についての疑いは起こらないだろう。それはもっとも深い魂の経験なので、おのずから明らかなことだ。それが自明のことなので、彼はそれに対する疑いを何も持たない。その他のものは証拠に依存する。

さて、これはおそらく他の道への、特に知識の道へのちょっとした中傷だ。あの智識が、ある人の内部に現れはじめると、それは至高の性質を持つものだ。彼もやはりそれに対して何の疑いも持たないだろう。他の人びとは疑うかもしれないが、彼は疑わないだろう。疑問は他者によって起こされるかもしれない。

バクティの場合も同じだ。神の愛のもっとも深い経験を得た信仰者は、最後のもの、つまり最高の概念を獲得したのだろうかと人は疑うかもしれない。これは他の人びとが疑いを持つことであり、信仰者自身はけっして疑わないだろう。彼は、自分が目標に到達したことを確信している。

あなたは、彼が確信していても、それは自己欺瞞《ぎまん》かもしれない、彼が自分を惑わしているのかもしれないと言うだろう。要点は、もしその迷妄《めいもう》がけっして破られないなら、それを迷妄と呼ぶことはできないということだ。迷妄と呼ばれるべき迷妄は必ず消えるという運命にある。私がナワを見てヘビだと思うとする。それは迷妄だが、そこにナワを見て、ヘビを見なくなったときにはじめてわれわれはそれを迷妄と呼ぶことができる。つまり、迷妄という魔術はいつかは破られるのだ。しかし、われわれが信仰と呼ぶこの感情は、信仰者の神の愛への没入であるこの感情はけっして破られない。だから、この永久的な魔術を迷妄と呼ぶことはできないのだ。

いかなる証拠も必要としないというのは、このためだ。信仰者は自分が最高の経験をしていると確信している。だから、彼の状態はいかなるテストにも証拠にも依存しない。知識という道具も必要はない。それは直観であり自明だ。それがひとつのことだ。

六〇、信仰の道は、平安と至高の歓びのようなものなので、他の道より容易だ。

バクティがもっとも容易な道であるということを示す第一の理由は、それが自己証明だからだ。さて、この格言では、バクティが至高の永遠なる平安のようなものであり、また至高の幸福のようなものだと述べられている。

ここでの「至高の」という言葉は重要だ。この世の生活における成功や、感覚の対象物の獲得にはちょっとした喜びはあるかもしれないが、これは至高の歓びではない。至高の幸福にくらべたら、それより高いものはなく、それより永続的で不朽のものはない。それは最高の性質であって、他のいかなる証拠によってためされる必要もないのだ。

六一、信仰者は、社会的な評価を失うことを恐れるべきではない。彼は自己を、社会的な尊敬を、そし

て聖典の指令の固守を神に捧げたのだから。

信仰者は、欲望や快楽の対象物が失われることを恐れるべきではない。快楽の対象は失われるかもしれないが、信仰者の心の中にはそれに対する恐れはまったくないのだ。彼はすべての儀式（ヴェーダに指示されている儀式、現世および来世の利益を乞うためのもの）を捨てたのだから、そのような楽しみを失うことを恐れないだろう。信仰者はそのような恐れを持つことはない。彼は自分自身を神に捧げた。人びとが重要視するものや、世俗の喜びをすべて捨てたのだ。たとえば、ヴェーダの中にこれこれの儀式を行えば天国あるいは他の世界でこれこれのものを得るだろうと示されているような楽しみ。信仰者は自分自身を完全に神に捧げているので、そのようなものは彼には必要ないのだ。

もうひとつ重要なポイントがある。信仰者は社会的な評価に悩まされることはない。彼はそのようなものとは無関係だから。彼は人びとが何と言うかとか、ヴェーダで命令されている供養とかに悩まされることはない。彼は神にすべてを捧げたので、世の中の意見やヴェーダの命令から完全に解放されているのだ。

六二、信仰の道において成功するために、他者とのよい関係を捨てるべきではない。しかし行為の果実とそれを得るための手段は放棄すべきだ。

前の格言で、バクタはヴェーダの命令や人びとの意見を気にする必要はないと述べられた。問題は、彼が制限を受けないで自分の好むやり方で行動するだろうかということだ。彼はこの世でどのように行動するのだろうか。

そこでこの格言は、この世での正しい行為は信仰を得るために避けられる必要はないとつけ加えている。しかし、人の行為はすべて神に捧げられるべきだと言われてきた。

第一に捧げられるべきものは、行為の果実だ。信仰者は他の人びとと同じように行動すべきだ。ただ静かに座っているわけにはゆかない。彼は自分のゴールをしっかりと視野に入れて、この世で行動しなければならない。彼の行動は、彼が獲得した、あるいは獲得したいと願っている偉大な理想をつねに保ち続けるものであるべきだ。

つまり、彼がすることはすべて、ある対象物を得るためのものではないということだ。彼が何かをするとき、何かを得ようとか達成しようという欲望をもって行動するのではない。彼は行為をすべきだが、その行為の結果に対してはいかなる願望も持つべきではない。これは非常に大切なポイントだ。神人になるということは、木の切り株や石になるということではない。彼は行為の果実を放棄すべきであって、行為を放棄してはならない。彼は果実への執着を持たずに、活動を続けなければならない。

「ギーター」で、「どんな人であろうと、この世で一瞬たりとも何もせずにじっとしていることはできない」と言われている。(三・五) それは不可能なことだ。呼吸でさえ行為だ。人は呼吸を止めることはできない。呼吸をしなければ生きてゆけないのだ。同様に、すべての行為は避ける必要はないが、行為の果実への欲望は持つべきではないし、その結果に期待して行為に従事すべきでもない。聖典の命令によって行われる儀式を通して得られる結果に動機づけられた儀式でさえ、指示された結果を求める欲望を持たないで行われなければならない。「ギーター」の中で言われているように「無知な人びとはそれの果実への執着心を持ちながら行動するが、神人は同じことをいかなる執着もなしに行う」（三・二五）彼はなぜそうするのか。世の中のために善を行いたいという願望のためだ。それは欲望だろうか。そうだ。しかし、利己的欲望ではない。彼はその行為の結果を自分自身のために望んでいるのではない。つまり、彼は今までと同じように活動を続けているが、その行為から自分自身のために何かを得ようという動機をもってしているのではないのだ。行為というものは必ずそこに結果をもたらす。そのような信仰者の行為は無益なのだろうか。それは何の結果も生み出さないのだろうか。それは不毛の努力なのか。聖典は、その果実は彼のところには行かないが、そのような行為は無益ではないと言っている。その果実は他の人びとのところへ行くのだ。

彼を尊敬する人びとが、彼の善行の果実を受ける。そして彼を憎んだり彼に反対したりする人びとは、彼の悪い行為の結果を受けるだろう。どうして彼が悪い行為などできるのか。それに対する返答は、知らぬ間に彼も何ものかを害しているかもしれないということだ。歩きながら生きものを殺しているだろうし、ものを食べながらも殺しているだろう。誰がそれらの悪行の果実を刈り取るか。彼を憎む人びとが彼の行為の悪い結果を受けるだろう。これが聖典が与えている結論だ。

ゆえに、神人は全体としては行為を放棄することはないだろう。しかし彼が何をしようとも、自分自身のためにその行為の結果を得ようという欲望はまったくない。それが要旨だ。

だから、すべての行為を捨てなければならないというわけではなく、利己的な動機をもって行われる行為は、すべて避けられなければならないのだ。それだけではなく、最高の信仰の獲得を助けるような行為は、目標への到達を助けるものだから、固守しなければならない。しかし、もしその人がすでに目標に到達していたら、他者への手本となって彼らが成功するのを助けるだろう。

すでにパラ・バクティを得た人びとがなお、それ（目標）への到達を助ける行為を続けている場合は、特別な動機があってのことではなく、長いあいだにそれが彼らの習慣あるいは性質になってしまっているからなのだ。彼らは長いあいだそのようにしてきたので、そうすることに慣れているのだ。もう至高の信仰を獲得しているので、それを得たいという考えからではなく、習慣で同じことをするのだ。

六三、女（性）、富、神を信じない人びと、または敵に関する話に耳を傾けてはいけない。

あの至高の信仰の獲得の妨げになるものがある。それらは、もちろん避けなければならない。そこでナーラダは、信仰者は性、富、神を信じない人びと、または敵に関する話に耳を傾けるべきではないと、言っているのだ。そのような話は聴くべきではない。

第一は、性（女）だ。現代の人びとは当然これに異論を唱えるだろう。しかしここでは、人の心の中に性意識を挑発させるような話のことを言っているのだ。これは避けなければならない。女性をそのように避けるべきだと言っているのではない。つまり、女性に対する態度は、彼女たちを欲情の対象として見ないことという意味だ。

ここで注意しておかなければならないのは、これは男性に向かっての教えであるということだ。同様に女性も、性意識を呼びさますような男性の描写は、避けなければならない。各人の生活の立場に応じて応用することだ。もしそれが男性なら、彼は欲情を起こさせるような描写、そのような女性の描写を避けるべきだ。それは女性にも適用されることだ。

富に関する思いは、当然富への執着を呼びさますだろう。そして、神を信じない人、彼の生活、行動などについて聞くことは、人に神の存在への疑念を起こさせるだろう。だから、そのような人と交わったり、そのような話を聞いたりすることも避けなければならない。同様に、敵の話は心に怒りの念を起こさせるので、これも避けるべきだ。

要するに、人の心を神から遠ざけるものは避けるべきだということだ。心を神の想いからそらせるものはすべて、彼の不断の神の記憶の邪魔をするものはすべて、用心深く避けなければならない。そのような思いにふけっていると、心の中にじょじょに神から離れる傾向が生まれてくるのだ。それは、単に客観的な考えではなく、そのような思いに気ままにふけっている人の心の中には、ある執着が生まれてくる。

「ギーター」の中に、執着は交際からくると述べられている。（二・六二）交際は本当に危険なものだ。最初、人は絶対に感化は受けないと思うだろう。しかし、実際にはそうはいかないのだ。このことに関しては、人は非常に用心深くしなければならない。最初は別に害はないように見えるだろう。自分はそういうことは超越していると思うのだ。しかし、その交際を通して心の状態はじょじょに悪化させられるだろう。

心はしだいに神から離れて世俗の事物と快楽に執着するようになるのだ。それがここに発せられている警告だ。しかも非常に厳しい警告だ。霊性の生活をこころざす信仰者はこれに従うように努めるべきだ。これは一見、難しくてほとんど不可能と思われるか、あるいは現代社会では不条理と思われるかもしれない。現代社会は好きなように言えばよい。信仰者は、その時代の世論に影響されることなく、自分の理想に従わなければならないのだ。

相手を選ばぬ自由な交際は現代の風潮であり、ある程度まではそれも許されるかもしれないが、どこまでは行けるがどこで止まるべきかについて、はっきりとした一線を画さなければならない。このような考えは世俗の人びとのためにあるのではないので、心にとめておかなければならない非常に大切なことだ。これは、あの神への至高の信仰を持ちたいと願っている人びと、神に関心のある人びとのためのものなのだ。世俗の人びとからはどんなに非難されようとも、彼らのためには、ある種の警告が絶対に必要だ。これは人の自然な傾向の抑圧につながると言う人もいるかもしれない。しかしそれは間違いだ。自然な傾向の抑圧とは何だろうか。文明社会では、ひとりひとりの市民が自分の心を制御することが求められている。もし人がまったく自由に振る舞うことを許されたら、そこは人間の社会ではなくて、ケモノの世界になるだろう。だから、抑制の実践は、神性の愛はさておき、社会の安全な運営のためにも絶対に必要なのだ。どのような社会においても、平和的な存続のためには抑制を持つことは絶対に必要だ。

現代の心理学者たちはこの点で、例の抑圧という言葉を持ち出して、混乱を作り出している。「おお、そんなことをすると抑圧が起こる。それはコンプレックスを生み、それが神経衰弱のもとになる」という声をいたる所で聞くのだ。まあ、かりにこれを言葉通りに受け取るとする。もし心中に起こるすべての願望を行動に移したら、そこは果たして人間の社会だろうか。もしわれわれが傾向性のおもむくままに行動したら、そこに社会は存在しないだろう。それはケモノの世界だろう。動物には感情の抑制力がなく、そのときに起こった思いのままに行動する。それが彼らをケモノたらしめ、そのレベル以上に上がることを許さないのだ。人間の社会はそれとはまったく異なる。社会の存在そのものが、感覚の制御に依存している。それなしには、この世界で平和に暮らすことは不可能だろう。だから、誰かがそれを破るようなことをすると、社会がその人に制裁を加えるのだ。

社会が健全であるために、人びとに自己抑制を教えることは必要なのではないだろうか。どの程度までかということは、また別の問題だ。ある程度の抑制は必要であり、もしそれが良いものであれば、そこに限界はない。この問題を熟考した人びとは、「抑制は必要だが、ある程度までであって、それを超えてはならない。もし度が過ぎるとコンプレックスをひき起こす」と言っている。彼らは一部正しく、一部間違っている。抑制は人が傾向性を持っているが、その傾向性どおりに行動することを自制することを意味するからだ。しかし彼は、自分自身を制御しようと駆り立てられるような高い理想を持っていない。世間の思惑を恐れて自分を抑えているのだ。もし彼が、恐怖からではなく、行為の清らかさと一致するある目標に到達しようとして、合理的な自己制御を実践するなら、そのような自制はけっしてコンプレックスを生まないだろう。

これが、昇華と呼ばれるものだ。感覚が抑圧されるのではなく、それらが昇華されるのだ。目標が異なるから、言葉も異なるのだ。一方は世間の意見への恐怖のためだが、他方はより高い理想への引力のためだ。ゆえに、結果は大きく異なる。

私がこの点を長々と強調しなければならないのは、今、世の中が大きく変わりつつあるからだ。社会は極度に自由放任になった。人びとの家庭は崩壊され、彼らは自分たちが「前進している」と思っている。西欧諸国を広く旅行した人びとは、人間社会が感覚と自然な傾向性を自由に歩ませた結果がどうであったか、理解するだろう。それは永続的な平安にも、社会の解放にも、存在のさらに高い状態にもつながらない。抑制は絶対に必要だが、それは世論への恐怖からであってはならない。もしそれが理想への愛によるものであれば、感覚を抑圧することはないだろう。感覚は、自分がもっと高い状態に昇っている、そして目標に到達しているという認識を持つことによって遠ざけられるだろう。これが昇華と呼ばれるものだ。この問題は、のちにさらにはっきりと論じよう。

六四、高慢、うぬぼれ、およびそのたぐいの悪徳は捨てられなければならない。

人は高慢、うぬぼれ、その他の悪徳を捨てるべきだ。シュリー・ラーマクリシュナはよく言っておられた。「高慢とうぬぼれを捨てよ。ごくわずかでもうぬぼれがあれば、神を悟ることはできない」すべての霊性の師が、そしてシュリー・ラーマクリシュナも言っておられたように、神人にとって必要なのは謙虚さだ。彼は慎み深くなければならない。彼は謙虚でなければならない。高慢であってはならない。うぬぼれがあってはならない。このように、神に近づくことを妨《さまた》げるものはすべて、避けなければならないのだ。これが主旨だ。

人は自分自身をためすことによって、どのようなことを避けるべきか自力で判断できる。たとえば、人は誠実であるべきだ。これは単に社会の中での理想的行動というわけではない。われわれはひとりでいるときに、自分にうそをつくこともある。ひとりでいるときでも、われわれは他者に対してではなく、自分に対して誠実でなければならない。それは状況に関係なく実践されるべき徳だ。人がどこにいようと、社会でどのような地位にあろうと、僧であろうと在家者であろうと、すべての人にとって誠実さはこの上もなく大切だ。他者をだまそうとすること、人びとに向かって自分をいつわることはいけないことだ。シュリー・ラーマクリシュナが言っておられたように、われわれの思いと言葉と行為は調和しているべきだ。心で思っていることを言葉や行為で隠してはいけないということだ。

それでは、人に対して容赦しないでもよいのか。無礼であってもよいのか。そういうことを言っているのではない。ただ偽善者ではあるな。偽善的な行動をすることなく、自分自身に対して誠実であれ。ここには詳しいことは書かれていない。各自が自分で見つけなければならない。自分の霊性の生活に有害な行為はすべて、避けるべきなのだ。これは消極的な面からの教えだが、積極的な面はどうだろうか。それは次の格言に示されている。

六五、人はすべての行為を神に捧げるべきだ、そして肉欲、怒り、高慢などは「彼」だけに向けられるべきだ。

人は自分の行為のすべてを神に捧げるべきだ。普通は避けられるべきである色欲、怒り、高慢などは「彼」だけに向けられるべきだ。もしわれわれが誰かとの合一をのぞむなら、それは神との合一への願望に変容させられるべきだ。もし誰かに対して腹を立てるなら、至高のバクティを得ようとする努力を怠けている自分自身に対して怒りを持つべきだ。もし自分の内に高慢があるなら、至高の神と自分の関係を誇ろうではないか。

シュリー・ラーマクリシュナがおっしゃったように、もし自慢するなら「私は神の息子だ。私は『彼』の召し使いだ。私は『彼』の重要部分だ」と言って自慢すればよいのだ。このような自慢は害にならず、助けになる。

このように、これらのことはもっと高い質のものに変容されるべきなのだ。色欲、怒り、高慢などは人を神から遠ざける。もしそれらが神に結びつけられるなら、それらは人を高める力を持ち、妨《さまた》げにならないどころか霊的進歩を助けるだろう。シュリー・ラーマクリシュナはよく「それらを神に向けよ。それらを新しい方向に向けるのだ」とおっしゃった。そうすれば、道に迷うのではなく、ゴールに到達する助けとなるだろう。彼の言葉の中で、このようなものがある。「もし、お前が自分のタマスに霊的な変換を与えるなら、お前はそれの助けによって神を悟るだろう」

これがその意味だ。私が以前に、抑圧ではなく昇華と言った、その意味がここに説明されているのだ。それはすべて神聖なる「実在」に結びつけられるべきだ。われわれの人生における大望およびいっさいのものはそれに向けられるべきなのだ。そうすれば、抑圧はまったく必要なく、コンプレックスも生まれないだろう。それらはすべて神のほうへ向けられ、横道にそれるような傾向性に妨げられることなく、順調に進歩するだろう。

ここにその考えが例として説明されているのだ。それは非常に重要だから、すべての人がこれについて深く考える必要がある。表面的な受け取り方をしてはいけないし、自分の考えと一致しないからといって無視してはいけない。理解しようと努力し、テストした後で、そこに真理があるかどうか見きわめなければならない。この教えはある人びとにはいくらか新奇なものに見えるかもしれないが、何世紀にもわたって実践され、非常に効果的であることが実証されているのだ。

六六、三種類のガウニ・バクティを超越して、神の召し使いあるいは妻として「彼」につねに奉仕し、「彼」だけを愛さなければならない。

これまでの格言には、何をすべきであり、何をすべきでないかが述べられていた。ここで、ナーラダは愛が神だけに向けられるべきだと説明している。愛は「彼」に、「彼」だけに向けられなければならない。強調するために二度くり返されている。これは積極的な面だ。五六番の格言では、ガウニ・バクティの三つのカテゴリーを避けるという消極的な面が述べられた。ひとつのグループはサットゥイカ、ラージャシカ、ターマシカであり、もうひとつはアルタ、ジジュニャース、アルタールルティのグループだ。

アルタ・バクタは他の二つより優れており、サットゥイカ・バクタはラージャシカとターマシカのバクタより優れているということは、すでに述べてきた。ここでは、それさえも超越すべきだと言っている。何がなされるべきか。信者は召し使いとか妻のような態度で神に対してつねに変わらぬ無尽蔵の奉仕をしなければならないとナーラダは言っている。このような奉仕は絶え間なく、ゆらぐことなくなされるべきだ。さまざまな激動があるかもしれないが、バクタの信仰深い奉仕は続くべきだ。これはプレマ、つまり神への真の愛だ。ナーラダは、この愛だけが実践されるべきだ、この愛だけが実践されるべきだ、と二度くり返して、これを大きく強調している。

六七、第一位の信仰者は神への一点集中の愛を持っている。

神のために神への一点集中の愛を抱く人びとが第一位であるという言葉は最高クラスという意味だ。そこには二つのことが述べられている。愛は一点に集中されなければならない。つまり、信仰がさまざまな対象に分散され、神はその中のひとつにすぎないというのではいけない。心は完全に神に、神だけに、捧げられなければならない。そこには他の何ものの入る余地もなく、何びとの入る余地もないのだ。

これはどういう意味だろうか。信仰者は他の人びとに対して無関心になるという意味か。そうではない。他の人びととは、彼が彼らの内に神を見るかぎり、彼の愛の対象となるのだ。彼は人びとをそれ自体として愛するのではなく、彼らの内に神があらわされているので愛するのだ。だから、彼は単に他の人びとをすべてに無関心になるというのではない。ここで強調されているのは、彼の信仰は一点に集中されていなければならないということだ。それは他の多くのものに分散されてはならない。ユダヤ教の聖書の中で「私は嫉妬深い神だ」と言われている。神は一部分を分け持つ共有者の存在は許さない。神はハートの全部を占めるか、まったく占めないかのどちらかでなければならない。「彼」はわれわれの愛の一部分で満足し、他の一部分は世俗の事物に与えられてもよいというわけにはいかないのだ。それでは偉大な信仰者とは言えない。信仰者はひたむきでなければならないのだ。

もうひとつ、ここでほのめかされているのは、信仰者は「彼」だけのために「彼」を愛するということだ。信仰者は神を他の何かの目的のための手段であるとは考えない。彼にとって神は「彼」そのものが目的だ。信仰者は神を「彼」が他の何ものでもなく、神であるから愛するのだ。神が自分を苦しみから救ってくれるから愛するのではない。彼は完全に無私の愛を、神のための愛を持たねばならない。信仰によって平安や幸福を得ようという考えさえ持ってはならない。それはわがままなのだから。自分自身の利己的な動機から生まれた考えは絶対にあってはならない。純粋な愛とは、隠れた動機をまったく持たない愛のことだ。そして、その愛は神に、神だけに向けられた、ひたむきなものでなければならない。

六八、そのような信仰者は息の詰まるような声でたがいに神について語り合い、髪の毛は逆立ち、目には涙をたたえる。彼らは家族や世の中を浄らかにする。

このような神の人たちはどう行動するか。そのような人びとは彼らのあいだでたがいに、自分たちの信仰や神について語り合い、手記を交わしあうとナーラダは言っている。そうしているあいだ、彼らは息がつまるほど感動し、愛の感情が極限に達すると、人は話すこともできない。心は神に向かって進んでいても、話はほとんど聞こえなくなる。つまり、信仰者は感動で息が詰まるのだ。信仰の極度の高まりのために、彼の身の毛はよ立つだろう。それだけでなく、髪の毛もまっすぐに逆立つだろう。あなた方も、信仰の高まりによって身の毛が立つという経験をしたことがあるかもしれない。感情が極度に高まると、必ずそのような身体的変化が起こるのだ。涙が流れるのはもうひとつの現れだ。

これらは信仰者の外面の姿だ。彼らはこのような能力を養成するのではなく、このような現象が自然に起こるのだということを、心にとめておかなければならない。そうでないと、何が起こるか。にせ物もあるかもしれないのだ。努力して感情を興奮させる人もいるかもしれないし、その感情から、ときには目から涙が出る。これはプロの俳優がすることだ。ときにはそうするためにトリックを使うこともあるが、それは彼らが自分の演技を完全に演じることができないからだ。非常に上手《うま》い俳優は涙を流したいと思えば、そうすることができる。しかしそれは演技であって愛ではない。信仰者は、涙を流したいとは思っていないし、そのような効果を心に生み出そうともしていない。自然にそうなるのだ。

次に、他の表現が挙げられている。汗をかくかもしれない、体がふるえるかもしれない。これらは最高の類の信仰の現れだと見なされるが、気をつけなければならないことがある。これらも練習によって養成することができるのだ。もしそうであれば、それは真の信仰や愛とはまったく関係のないものだ。

あるとき、シュリー・ラーマクリシュナの弟子のひとりが、静かに座って、師に見られる霊的徴候を自分もあらわそうと努力していた。シュリー・ラーマクリシュナがその間違った努力を見て「このようなことは練習するべきものではない。スワーミー・ヴィヴェーカーナンダがそうすれば他のものはおのずからついてくる。君はあの愛を実践しなさい。そうすれば他のものはおのずからついてくる。シュリー・ラーマクリシュナがこれらの徴候を身におあらわしになったのは、彼がそういうものを見せたいとお思いになったからではない。それらは感情の高まりとともに自然にやってきたのだ」と言って戒めた。だから、この警告は心にとめておかなければならない。これらは表現であって、絶対に正しいとはかぎらないのだ。そのような表現を見て、すぐにそれらを真の信仰の現れと思って、だまされることのないようにしよう。しかし信仰者の場合には、信仰の極限状態にあるとき、これらの徴候が現れる。このような状態にあるとき、彼らは愛する神のことを語り合う。感動にあふれているときには、人は同じ感情を持っている人びとと語り合ってそれを楽しみたいと思うものだ。信仰を誇示しようとするのではない。しかし、彼らはひとりでいても、他の信者たちといっしょにいても、神のことを思い、神について話すとき、その感情をあらわす。そして話しているうちに涙が流れるとか、身の毛がよ立つとか、体がふるえるとか、そのようなさまざまな徴候が自然にあらわれてくるのだ。

そのような信仰者は、自分が生まれた家庭を浄め、世の中をも浄める。彼らは自分の家族全体を変容させるほどの偉大な霊性の力を持っている。それだけではなく、そのような偉大な神の愛人の存在によって、世界が恩恵を受けることになるのだ。

六九、そのような聖者は聖地をさらに浄め、すべての行為を神聖なものとし、聖典をさらに浄らかにする。

信仰者の内部にこの愛が目覚めると、その愛の目覚めを通して、彼がかかわる場所は神聖になり、巡礼地も聖地となる。巡礼の聖地はそのような神の偉大な愛人たちの存在によって祝福されてきたのだ。あらゆる聖地がつねに偉大な神の愛人とかかわりがある。そのような聖者が滞在する所はどこでも、そこは巡礼の地となる、それは聖地となる。神の愛人の力とは、このようなものだ。他の人びとは、その浄らかさを少しでも吸収しようとしてそこに集まる。われわれが巡礼地を訪れるのはそのためだ。そのような信仰者たちは彼らのすべての行為に祝福をもたらし、すべての行為を正しいもの善いものにする。彼らがすることはすべて正しい行為となるのだ。彼らは聖典をも浄める。その意味は、聖典の中には善いものと悪いものが混じり合っている。シュリー・ラーマクリシュナがよく言っておられたように、聖典の中には砂と砂糖が入りまじっている。聖者たちの聖典に対する忠誠によって、聖典は浄らかになるのだ。なぜ聖典は神聖なのか。聖者たちがそれらに忠誠をささげたからだ。だから聖典でさえ、これらの聖者たちによって浄められ、聖化されるのだ。聖者たちは聖典の生きた解説書であることによって、それらを活気づける。そのような高貴な信仰者がいなかったら、聖典はわれわれにとって事実上無意味なものになっていただろう。

このようにして、聖者がとどまる場所には彼らの精神がしみ透り、彼らによってなされた行為は彼らとのつながりによって浄らかな行為となり、聖典は、彼らが敬意をささげるから浄くなる。もし、ときどきこのような聖者が生まれて聖典の正しいことを実証しなかったら、聖典は不毛のままですぎただろう。このような聖者たちの生涯によって証明されたからこそ、権威ある存在となっているのだ。

七〇、聖者は神性に満たされるので、

七一、祖霊たちは幸福になり、歓喜する。神々は喜びに踊る。そして母なる大地は聖者の中に保護者を見いだす。

七二、このような高貴な性質を持つ聖者の場合には、カーストや学歴や容貌や生まれや富や職業などによる差別はない。

七三、彼らは神の身内であるから差別は存在しない。

この格言では、その偉大さが非常に美しく表現されている。彼らのとどまる場所は浄くなり、彼らの行うことはすべて浄くなり、彼らが忠誠をささげる聖典はすべて浄くなる。聖者の浄化力はそれほどのものなのだ。聖者の精神はそれらの場所にしみわたり、それらの聖典に浸透し、彼らの行為に遍満している。同じ調子で、ナーラダは続ける。祖霊たちは幸福になり、彼らは歓喜する。神々は喜びに踊る。大地は至福を授けられることになる。このような聖者がその家族に現れたというので、彼らの祖霊たちは歓喜し、神々はここにこのような人が生まれたのだから今はこの世界から悪が除かれるだろうと思って喜びに踊り、大地もこの世界の人びとを救う人がここにくることを喜ぶ。

彼らの場合には、カーストまたは教養による差別はなく、容姿の美醜または生まれによる差別も富または職業といったものによる差別もない。彼が何をしているか、どこに生まれたかなどは問題ではない。彼の外見がどうであるか、どのように見えるかなどは取るに足らぬことだ。この至高の信仰を得たというその事実によって、彼はこれらすべてを超越したのだ。学識があるか無学であるか、それも問題ではない。身分の高い生まれか低い生まれかということもまったく影響しない。彼が富んでいるか貧しいかということは問題ではない。これらすべてに関係なく、彼がすることは何でも、彼の神への愛によって支配されているのだ。このような神への偉大な愛を持つ神人の場合には、これらのことはすべて考慮する必要がないのだ。彼らは神の人であるから、そのような区別は聖者たちのあいだにはいかなる差異も作らない。彼らは「彼」のものだ。彼らは神の身内だ。彼らの内部に遍満しているのは神性の存在だ。だから彼らの外見がどうであろうと、彼らが何族の出身であろうと、何家の生まれであろうと、そんなことはすべてどうでもよいのだ。なぜなら、彼らは結局、完全に神の存在に浸りきっている人びとなのだから。そして彼らの内には、神性の存在がすみずみまで沁み透っているのだから。

七四、人は議論を始めてはいけない。

七五、なぜなら、議論には多くの観点があり、そのうちのどれも結論的なものではないからだ。

次のポイントは警告だ。人は議論を始めるべきではない。その意味は、神について、または他の霊的真理について、または信者たちの価値を比較して、論争するのはよくないということだ。そのような比較は、心を主要な真理つまり至高の信仰からそらせるだけだ。むなしい議論をはじめるより、信仰の精神が吹き込まれなければならない。この精神はできるかぎり多く受け取り、これらのことについての論争は慎《つつし》むようにしよう。議論をはじめるとわれわれは感受性を失う。われわれは感化を受けなければならないのだということを忘れる。われわれの感受性が鋭敏であるときはじめて、その感化はわれわれを助けるだろう。神の人びととの交流においては、いかなる種類の論争も完全にやめることが必要だ。

われわれがあることを議論しようとする場合、われわれはひとつの見解を持っており、自分の立場が正しいことを主張して、たがいに議論をする。このような努力は心を真の信仰の精神からそらせてしまうだろう。だから、神について、他の霊的真理について、またはさまざまな信者たちの価値の比較について、議論しないようにしよう。これこれの信者は誰それよりも良いなどと言うのは間違った考えだ。そのような間違った思考のせいで、心は感受性が働いていれば受けることができるはずの影響、あの霊感を、受けることに失敗するのだ。

これらは短い発言だが、深い意味を持っている。こういう問題について話すときは、自分がその精神を吸収することができるようにのみ話すべきであって、単に自分の学識や問題の理解度を誇示するために話すべきではないということを記憶すべきだ。それは神を求める真の求道者の態度ではない。

聖者がわれわれの近くに居るときは、あれこれの聖者たちの価値の優劣を論じるようなことはせず、できるかぎり彼からその精神やインスピレーションを受けるようにすべきだ。そのような判定は、つねにわれわれの心を批判的にし、われわれがその精神を吸収することを妨げるだろう。だから、このような神人に関しては、あるいは神の存在についてでも、けっしてこのような議論をしてはいけないと、戒められているのだ。議論のために、仮に私が神の存在を信じない相手に対して存在を立証しようとする。何が起こるか。知らぬ間に、大なり小なり私は彼の意見に影響されているだろう。

ゆえに、このような議論は非常に有害なのだ。不必要であるだけではなく、心の内に、ある種の懐疑主義を生じさせるので、非常に有害だ。われわれは知らぬ間にそれの犠牲者になる。最初は議論によって相手を改宗させようと思っているが、そうはならない。実はわれわれ自身が疑いの心を持つようになるのだ。ここでバクティにおいては、いかなる疑念もあってはならない、この精神は躊躇《ちゅうちょ》なく全心を傾けて吸収されなければならないと言われている。

これは簡単に述べられているが、心に銘記すべき、はかり知れないほど貴重な教訓だ。われわれは他と必要ないことで無益な議論をし、その結果、われわれ自身が相手のものと思われる懐疑主義の犠牲になる。だから、つねに受け入れる態度を保ち、特に聖者の前ではできるかぎりその精神を吸収し、できるかぎり深い感化を受けて、その機会を十分に活用するようにしよう。それはまれな機会であって、たびたび得られるというものではないのだから。

ここで語られたことは、求道者の立場からのものだった。ムキャ・バクティを得た信仰者の場合でも、議論は求められていない。他者と議論することで信仰者はこの理想と生き方に疑問を持つかもしれないからだ。たとえば、シュリー・ラーマクリシュナの生涯においても、誰かが彼の信仰や悟りと反対の意見を出すとすぐに、彼は「聖なる母」のところへ走って行かれたものだった。シュリー・ラーマクリシュナはおもしろがって議論をおさせになることはあったかもしれないが「人はつまらない議論や推論で『真理』を悟ることはできない」と言って、議論好きの傾向には断固として反対しておられた。議論は問題をはっきりさせるとか、議論によって新しい考えがもたらされるといった反論もあるだろう。要点は、論争の機会は行き過ぎをもたらすことがあるということだ。そして、それはわれわれを必ずしも最終的な結論に導くことができるわけではない。しばしば議論は果てしなく続き、しかもけっして最終的な結論にはいたらない。つまり議論は結局無益なものであったということがわかるのだ。そのような議論は、どのようなことをしてでも避けなければならない。

相手を負かして自分の優位性を示すために人と論争を続けるのが、われわれの傾向性だ。それだから、議論は避けるべきだが、それはどんな道理にも耳を傾けるな、資格をそなえた人の言うことも傾聴《けいちょう》するなという意味ではない。そのような場合に一心に聴き、理解を深めるために質問することはつねに助けになる。ただ同時に議論が果てしなく続き、不毛に終わることも珍しくないのだ。そのような議論は心を散漫にするだけであって、けっして信仰の強化にはつながらないし、われわれ自身を改良することにもならない。

だからそのような議論は避けなければならないのだ。

七六、信仰的な聖典は学ばれ熟考されるべきだ、また信仰を目覚めさせる活動は行われるべきだ。

この格言では、バクティを教える聖典は議論され瞑想されるべきだと言っている。すでに示唆したように、禁じられているのは不毛の議論だ。ここで聖典と呼ばれているのは、すべての聖典ではなく信仰だけを教える聖典だ。バクティの道を進む人びとは、特にギャーナ・ヨーガについての議論や知識の道を説く聖典を避けるべきだ。それをすると、信仰者が誤って導かれたり混乱したりするおそれがあるからだ。だから、信仰の教えをふくんでいるような聖典だけを研究し瞑想すべきだ。神への愛と信仰をとり扱う聖典の教えを論議し瞑想し、信仰をよびさますような霊的修行を行うことだ。信仰を生み出すような行為は何でも行われるべきだ。

このように、一カ所では議論は禁止されている。次の所では不必要で避けるべきなのは不毛の議論であって、信仰を説く聖典の教えを解明するような議論ではないと言われている。行為に関しては、信仰をよびさますような行為だけを行わなければならない。

われわれ皆が覚えているように、シュリー・ラーマクリシュナは信仰に関する研究も奨励しておられた。ときどき、「バーガヴァタ」や「チャイタンニャの生涯」のような作品を推奨しておられた。

七七、幸不幸、損得、欲望などから解放された結果、信仰者は多くの時間を得る。彼はたとえ半瞬間でもそれを浪費してはならない。

すでに述べたように、信仰者は心を占めている他のすべての思いから自分自身を解放しなければならない。彼の心は快苦、所有への欲望等から解放されている。そこで、そのように自由になった心で、彼は何をなすべきか。その時間を浪費してもよいか。時は貴重だ。他の活動が止まったために得られたこのような時間の、たとえ一瞬間の半分でも、信仰の獲得のために有効に使われなければならないし、浪費されるべきではない。

信仰者は快苦やさまざまな欲望から解放されて、自分の時間がふえるのだから、その時間を一秒も無駄にすべきではない。その意味は、怠惰に時をついやしたり時間を浪費したりしないように、他の活動は避けなければならないということだ。このようにしてできた時間は信仰を深めることにささげられるべきだ。ゆえに、一瞬の半分でもむなしくついやされてはならない。つまり、人はつねに用心して、一刻一刻が信仰獲得のために有効に使われるように気をつけなければならないのだ。

これは霊的生活を求めている人にとって銘記すべき重要な点だ。さまざまな野心から解放され、他の人びととの交際を避けると、求道者は普通の人びとより多くの時間を得る。しかし、しばしば見られるのは、その自由な時間が有意義に使われていないということだ。彼がその時間を霊性獲得のために、自分の信仰を深めるために、思慮深く使っていないのだ。それは、ここで与えられている大きな警告だ。霊性の名にかけて、われわれは怠惰にならぬように気をつけるべきだ。これは十分に心にとめておくべきことだ。だから、たとえ一瞬間の半分でも浪費すべきではないと言われているのだ。われわれはつねに気をつけて、他の思いから解放された自分の生活の一刻一刻が神への愛の真剣な追求のために使われるように努めなければならない。

七八、信仰者は非暴力、誠実、高潔、慈悲、霊性の信仰などのような徳を高めなければならない。

信仰者は非暴力、誠実、高潔、慈悲、高い霊的「真理」への信仰などのような徳を養い、そして持ち続けるべきだ。彼は神への愛の獲得を助けるこれらの手段を養わなければならない。このために、他のさまざまな束縛から解放されて得た自分の生活の一瞬一瞬を油断なく使うようにしなければならない。これらの諸徳のひとつひとつがおろそかには出来ないものなのだ。

非暴力とは、思いでも言葉でも行いでも相手を傷つけないことだ。他者にいかなる害をおよぼすことも、心に思ってはならない。誰を傷つけるようなこともしてはならない。他者の感情を傷つけるような話しかたをしてはならない。ゆえに、非暴力は思いと言葉と行為の中で実行されなければならないのだ。信仰者は非暴力を保たなければならない、つまり彼はつねに他者を助け、他者を傷つけないだけの性質を養わなければならないということだ。われわれは霊性の生活をしていながら、そのようなことにあまり注意をはらわないで、他者を傷つけていることがある。たとえば、宗教的であると思われている人びとが自分の好みではない他者のことを悪く言う。神を信じない人びとを批判するのだ。それは信仰者の態度ではない。彼は思いでも、言葉でも、行為でも他者を傷つけることは控えるべきだ。これは非暴力の消極的な態度のひとつだ。

それのもうひとつの面は他者を助けるという積極的な面だ。信仰者は他者に愛をもつべきだ。彼は、他者を幸福にするように気をつけるべきだが、同時にそのために神への道からそれることがないようにしなければならない。他者を助けることが、神の悟りあるいは「彼」への至高の愛の獲得という自分の目標を忘れさせるものであってはならない。何ものも神の場所を占領してはならないのだ。

われわれは他者を助けるつもりで利他主義にとらわれすぎてはいけない。そうすると、自分が霊的に得たものを使い果たすだけでなく、実際には結局他者を助けることもできなくなる。自分が純粋でなければ、どのようにしたら本当に人を助けることができるか、われわれは理解できない。自分の感情にまかせて相手のために行おうとする助けは本当の助けではない。一方では、神を忘れるという代償をはらって行うために、その行為の価値は失われる。だから、そのような利他的思想も自分の霊性の修行を妨げない範囲内で実践されるべきなのだ。

また、誠実の徳を実践するのは偉大なことだ。神の悟りあるいは「彼」への至高の愛を育てるという霊性の生活を続ける人は、骨の髄まで誠実でなければならない。誠実は言葉でも思いでも行為でも守られるべきだ。われわれはうそを言ってはならないし、不正直なものの考え方をしてはならないし、不誠実な行為をしてもならない。つまり、われわれは思いでも言葉でも行いでも誠実を実践すべきだ、それがここで言われていることだ。

次は道徳的な善い行いだ。これは霊的生活の基礎として絶対に必要だ。このような行いはしばしば無視される。つまり、われわれを目標達成に導かないような行為であっても、他の人びとがやっていることなら同じようにしてもかまわないだろうと思うのだ。これは十分に注意すべきことだ。

たとえ議論のためであっても、われわれは神を信じない人びとの思想を考えるべきではなく、自分が無信仰者であるようなふりをするべきではない。人びとはよくそうするのだ。自分は信仰者であり、自分にもそれはわかっているのに「おお、私は神を信じません」などと、簡単に平気で言う。これは誠実の徳に反するだけでなく、相手に彼は霊的な人間ではないという誤った印象を与えることになる。このようなうわべの言動は無害だというわけではない。それは確かに有害であり、人はこのような誘惑にひっかからないように気をつけなければならない。

七九、すべての心配や不幸から解放された信仰者はつねに主だけを礼拝すべきだ。

前の格言で、さまざまな徳について述べた。そのような徳はすべて養われるべきだ。すべての恵まれた性質の貯蔵庫であるのは主おひとりだけだ。「彼」は、すべての心配や不幸をはなれた信仰者によって礼拝される。その意味は心をすべての心配から解き放って、神だけを礼拝しなければならないということだ。何事をも悩まず、全心を「彼」に集中せよということだ。

ここに二つの面がある。ひとつは心をすべての思い、この世のさまざまな目的を得るための苦労や世間の評判や富についての悩みなどから、解き放ち自由にすることだ。それはただ心を平安にするためだけのものではない。心は、邪魔ものなしに神に集中することができるように、悩みから解放されるべきなのだ。悩みから解放されて、人は神に祈り、神だけを礼拝しなければならない。

心の平安は自分自身の楽しみのためのものではないということだ。われわれは心の平安を得るけれど、心の平安が目的なのではない。これは覚えておくべきだ。われわれはよく「私の心は平安です」と言う。信仰者にとって、それは何か。それも確かにひとつの獲得ではある。しかし、それは自分の中に喜びや幸せを作りだすという、低次元の獲得だ。それはゴールではない。ゴールは神、神だけなのだ。

これらすべての霊性の修行は、心の幸福や平安または世間の評判を得るために行われるのではなく、神を礼拝するというただひとつの考えのために行われるのだ。他のいかなる思いもそこにはない、他のいかなるゴールも心に持つべきではない。

しばしば、人は、霊的生活とは平安と幸福に満ちた生活だと思っている。信仰者にとっては、そうではない。もし、神へのあの愛を得られないために彼が不幸であるなら、その不幸は彼にとっては価値あることなのだ。求められているのは心の平安や幸福ではない。目的は神だけだ。だからわれわれは全心をささげて神を礼拝し、「彼」への信仰を養うべきなのだ。心の幸福または平安または喜びさえ、けっして考えてはならない。

八〇、このように賛美されて、主はただちに「ご自身」をあらわし、信者たちに悟りをお恵みになる。

われわれはよく、信仰の道を歩んでいる人が、まるでその事が目的でもあるかのように、「おお、私たちは平安を得ています」とか、「私は幸福になりました」と言うのを聞く。これは目的ではない。人が平安であることは、彼が間断なく全心を神にささげるのを助けるだろう。しかし、われわれがそれをせず、心の平安を楽しみ、幸福を楽しむことだけをしていたら、神への信仰の道から転落するだけだ。このことを覚えておかなければならない。

これらすべての間違った観念は忘れさるべきだろう。われわれがつねに不幸でなければならないというのではない。そういう意味ではない。われわれの幸福は神へのあの至高の愛を持つことによってのみ得られるのであって、そうでなければ普通の幸福はべつに望ましいものではない。それは永続するものではない。あらゆる局面において、あらゆる時にあらゆる方法で神は礼拝されるべきであり、神への愛は養われるべきである。これも重要なことだ。われわれが食べたり飲んだり、霊的でもない普通の活動をしているときでも、そのような活動でさえ、神を思いながらなされるべきだ。この人生において、神の思いに満たされていないものは何ひとつあってはならないのだ。信仰者のあらゆるすべての行為は礼拝であるべきだ。信仰者の全生活は神性への絶え間ない礼拝だ。心には他のいかなる思いもなく、この世に彼を混乱させるものは何もなく、信仰者はあらゆる形の礼拝で神を絶え間なく喜ばせなければならない。

このように賛美されて、主は「ご自身」をあらわし信者たちに悟りをお恵みになる。そのときはじめて、信仰者は神の存在を感じることができる。人生におけるもっとも熱望される目的である神の悟りはそのときにのみ達成されるのだ。

神はわれわれの前に「彼自身」をあらわし、「彼」を悟らせてくださる。われわれは「彼」の実在を悟る、しかも非常に速やかに。

これらが信仰者を神の悟りに導く方法だ、しかも短期間で。その長さは信仰者自身の修行の程度と熱意にかかっている。

彼が主の栄光を歌い、「彼」を瞑想し、完全な清らかさを保ち、今まで心を占めていた他のすべての思いを捨てて、不断に神を思い続けるなら、悟りはそう遠くはないことだ。

八一、永遠の「真理」への信仰が唯一もっとも偉大なことだ。

過去・現在・未来において、神は永遠に真理だ。かつて存在しなかったことのない、つねにそこに在り、永遠である「彼」、それが主の栄光だ。そのような神への信仰が、もっとも優れている。絶対永遠の「真理」への愛がもっとも偉大なのだ。この愛は実に最高のものだ。この点が強調して述べられている。

このように、パラ・バクティつまり神への至高の愛を得る方法が詳細に述べられている。避けなければならない障害についても述べられている。信仰者はそれによって落とし穴に近づかないだろう。彼は、過去・現在・未来を通じて永遠に真実なる存在である至高の「実在」を悟るためにここに示された方法を絶えず実践し励むだろう。これがここで暗示されていることだ。神だけが永遠の存在であり、他のすべてのものは一時的なものだ。神だけがつねに存在するものであり、われわれの愛に値するものだ。

八二、この信仰はたったひとつのものだが、バクティは一一の形で現れる。主の神聖な性質を賛美する愛、「彼」の人を魅了する美しさへの愛、礼拝の愛、不断の記憶の愛、奉仕する愛、神を友と見る愛、息子と見る愛、夫と見る愛、「彼」へのサレンダー（全託）の愛、「彼」に完全に没入する愛、「彼」から離れていることに苦痛を感じる愛。

パラ・バクティはひとつであるけれど、次のようなさまざまな形で現れるということを学んできた。

（一）主の神聖な性質を賛美する愛、神のさまざまな性質の栄光への愛（その意味は神の性質を瞑想すること、または神の性質を不断に思い続けたいという願望）。
（二）主の美しさへの愛着。
（三）「彼」の礼拝への愛着。
（四）「彼」の記憶への愛着。
（五）主人を慕う召し使いとしての「彼」への愛着。
（六）友としての「彼」への愛着。
（七）我が子としての「彼」への愛着（信者は神を自分の子と見て、大切に世話をする）。
（八）夫としての主への愛着（夫に対する妻の愛）。

(九)「彼」に自分を捧げきる愛。
(一〇)「彼」に完全に没入するという形の「彼」への愛着。
(一一)「彼」から離れたために起こる最高の苦悩への愛着。

これらが、バクティがとるであろうさまざまな形であり、これらのうちのどれかが、信仰者の内部に養われるのだ。これらはたがいに関連し合っていると見られている。人の内部に神への深い愛が目覚めると、必ず彼はこれらの態度を育てるのだ。

まず第一に挙げられているのは、主の性質の賛美だ。実際には、信仰者は彼の信仰生活をこの形ではじめる。われわれがもっともっと強く神に愛着するようになるために、「彼」の栄光が瞑想されなければならない。

その次には、「彼」の美しさがくる。主の美しさを思うことは、神性のほうへもう少し近づき、密接な関係を作る。次は礼拝、これは「彼」に礼拝を捧げること、あるいは「彼」を礼拝することへの愛着も意味する。次は「彼」の記憶への愛着だ。

それから、他のさまざまな態度について述べられている。

神の召し使いとしての「彼」への愛着。これは神との密接な人間関係のはじまりだ。つまり自分の主人への召し使いの態度。信仰者は自分自身を召し使い、神を自分の主人と見るのだ。

「彼」との近さにおいて次に位置するのは友人の関係だ。この関係は、いわば両者がほとんど同じレベルにあることを意味する。召し使いは主人に対してある距離をおくが、友人にはその必要はない。彼はあまりにも親密なので神を自分と同等に見るのだ。それが、この関係の美しいところだ。

それよりさらに強いのは、父または母の我が子に対する関係だ。ここで、神は子供と見なされ、信者は自分を父親あるいは母親と見なすのだ。これは非常に甘美な関係であって、そこにはギブ・アンド・テイクの問題は起こりようがない。親は子供から何ものも期待しない。彼らはただ与えるだけで、お返しは受けない。それが、信仰者が神に対してとる態度なのだ。神は愛と加護と世話を受ける方であり、信者は「彼」からいかなる報いも期待しない。ゆえに、当然これはもっとも非利己的なタイプの愛だ。それから、神を愛人と見る「彼」への愛着だ。これは愛人の彼女の情夫に対する関係だ。これはもっとも密接な種類の関係、もっとも強烈な愛の形だと考えられている。

次は、自己を神に捧げきることへの愛着。『主』の御心《みこころ》の成らせたまえ」彼は神から何ものも求めないが、自分のところにくるすべてのものを神からきたものと考え、自分自身を完全に「彼」の思し召しに任せきる。

次は、神への完全な没入に対する愛着または願望だ。この没入は、神と「彼」の信者は別のものだという感じがなくなるほど、強烈なものだろう。神だけが残り、信者はその神性の愛に完全に吸収されて、完全に消えてしまうのだ。彼の人格は、別個の人格であることをやめ、神に吸収される。

最後のものは、信仰者の胸中に目覚める、神の実在が感じられない結果として起こる極度の苦痛への願望だ。神から離れていると、一瞬間一瞬間が耐えられないように感じる。これは最後のものだが、この苦痛は信仰者にとって避けたくないものだ。彼はこの苦痛からは解放されたくないと思う。なぜなら、それは主に逢えないために起こる至高の苦悩によるものだからだ。これは神への信仰のもっとも効果ある形であって、その直後に神への完全な没入状態がくるのだ。神の悟りは、信仰者の心にこの種の感情が生まれれば必ずやってくる。

以上がこの格言で述べられた多様な愛の形だ。それらは同一の神への愛のさまざまな面だ。この愛はひとつだが、これら一一の形で現れるのだ。神の悟りはこれらの態度のどれによってでも得られるということだ。だから信仰者がそのうちのどれかを養うことができるように、これら一一の形が詳しく述べられているのだ。

シュリー・ラーマクリシュナはよく、神への深い信仰を呼び覚まし、神に定着するために、信仰者は神とのある種の関係を考えることが必要だと言っておられた。信仰者は神を主人、友、わが子、愛人などのうちのひとつと見るべきなのだ。これらの態度のうちのどれも、信仰者を神の悟りまでみちびくのだが、バクティを礼賛する聖典においても、神や聖典などへの尊敬の態度がじょじょに成長すると述べられている。単なる尊敬だけではなく、そこに愛も混ぜられている。それはシャーンタ・バーヴァと呼ばれる穏やかな関係だ。そこには熱狂的な感情はない。人は静かに神を思い、自分のすべての傾向性をおさえて「彼」を瞑想する。彼の心は鎮められ、完全に平穏になる。だからシャーンタと呼ばれるのだ。心の波が鎮まると、それはさざ波の立たない海のようになる。シュリー・クリシュナを非常に尊敬しているが、自分は神に近づくにはあまりにつまらない者だと思って、「彼」から距離を保つ聖者たちがいた。そこには、差異あるいはへだたりの感覚がそうとう大きく存在している。「バーガヴァタ」の中に、そのような聖者たちの信仰を描写している美しい詩がある。『『自己』の至福に没入した聖者たちもシュリー・ハリの蓮華《れんげ》の御足に無私

の信仰をささげた。『主』の栄光はそのようなものだ」（一・七・一〇）

この関係は人が神に向かう態度のはじまりだ。これは信仰者が持ち続けるべき態度であると言われているわけではない。彼はこの態度で始めるかもしれないが、やがてこの段階を脱却しなければならない。もちろん、苦行者タイプの人、リシ、賢者などにはこの態度を持ち続けて、しかも偉大な人もいる。

しかし、信仰を育てるには、もっと密接な関係が必要だ。信仰者は、神が遠くに居て、手が届かないというような関係に満足することを好まない。だから、彼は神とのあいだに、もっと個人的な関係を作らなければならないのだ。これらの関係は前に述べたが、ここで詳述してみよう。

神との個人的な関係のうちで、最初にくるのが神を主人、自分を召し使いと見るものだ。そこには熱烈さはないが、さらに深い親密さがある。召し使いというものは確かに主人を尊敬しているが、彼らのあいだには愛情に満ちたつながりがある。召し使いは主人を尊敬するだけでなく、彼を愛しているのだ。だからこれはもっと親しい関係だ。

「ラーマーヤナ」の中に、召し使いと主人の関係がハヌマーンとシュリー・ラーマチャンドラの関係として例示されている。ハヌマーンはラーマチャンドラの偉大な信者であった。彼は自分の人生の目的はラーマチャンドラに奉仕することだと思っていた。彼は自分の主人への奉仕に自己を完全に捧げていた。これは主人への召し使いの態度の例だ。

次は友だちの関係だ。神が友だちと見なされるのだ。偉大さという感覚は差異をもたらすので、人は友だちの偉大さはそれほど考えない。「私の友だちは他者にとっては偉大な人物かもしれないが、私には自分と同じ立場にいる友だちのひとりであるとしか見えない」これらすべての関係は、ブリンダーバンでのシュリー・クリシュナのリーラー（お遊び）における、「彼」の物語に例証されている。「バーガヴァタ」の中には、これらすべてがみごとに描かれている。

この友だちどうしの関係はシュリー・クリシュナと彼の友だち、ブリンダーバンの牛飼いの少年たちとの生活に美しく説明されている。牛飼いの少年たちはシュリー・クリシュナを自分たちより偉い人物と考えたことがなかった。彼らは何の遠慮もなしに彼の肩に上ったり、自分たちが食べたものを彼にささげたりした。このような関係は、友だちどうしとしてのごく親密で素朴なつき合いがあるときだけ可能だ。友人は彼を自分と同等にあつかい、隠し事をせず、あらゆる点で同じ立場に立って、友が幸せであるのを見てそれを喜ぶ。ブリンダーバンの牛飼いの少年たちはシュリー・クリシュナとのあいだに、このような関係を持っていたのだ。

次に、子に対する親の感情がくる。この関係も、シュリー・クリシュナに対するヤショーダーの態度としてみごとに説明されている。それは美しい話だ。

シュリー・クリシュナは実はデーヴァキとヴァースデーヴァの息子だったのだが、生まれたその日に、離れた所に住むナンダとヤショーダー夫妻の家に移された。彼らは牛を飼い、ミルクや乳製品を売って暮らしている素朴な人びとだった。シュリー・クリシュナは、彼を殺そうとたくらむカンサ王の眼を逃れるために彼らの家に連れてこられたのだった。それが物語だ。

イエスの生涯にも、似たような話があるということだ。イエスがベツレヘムに生まれたとき、ヘロデ王はマリアの生んだ子がユダヤの王になるだろうと聞いて、その子を殺そうとした。そこでイエスは、ヘロデ王の手から逃れるために、エジプトへ連れ去られた。彼を見つけることのできなかったヘロデ王はベツレヘムにいるすべての幼児を殺すように命じた。

同じように、カンサ王もシュリー・クリシュナを探し出して殺そうとした。そこで、シュリー・クリシュナは彼の両親がカンサ王によって閉じ込められている牢獄から、ヤムナー河の対岸の遠く離れた場所へ移され、ナンダとヤショーダー夫妻の家に連れてこられた。彼らはその子を育てた。ヤショーダーはシュリー・クリシュナが生まれたのと同じときに子供を産んだが、その子が男か女か知らなかった。シュリー・クリシュナがそこに連れてこられたとき、ヤショーダーが産んだ子は連れ去られ、クリシュナがそこに置かれた。ナンダとヤショーダーはシュリー・クリシュナを自分たちの息子だと思って、彼に愛情をそそいだ。

それは美しい物語だ。「バーガヴァタ」には幼児クリシュナに対するヤショーダーの愛、ナンダの愛が延々と述べられている。夫婦は彼の偉大さなどは夢にも考えなかった。シュリー・クリシュナが非凡な奇跡を起こしても、彼らはそれを悪魔のしわざと思い、世の親たちがよくするように、犠牲供養を行って悪魔の退散を祈った。その子が子供の姿をとってあらわれている神以外の何ものでもないのだなどとは想像もしなかったのだ。

ヤショーダーはときどきクリシュナが神ご自身だと聞かされたけれども、神に対する信者の態度はそこにはなかった。しかし、それが母親にとって何だろうか。シュリー・クリシュナは神かもしれないが、母親にとって、彼は子供にすぎないのだ。これが、ヤショーダーとナンダのシュリー・クリシュナに対する個人的な関係だった。栄光とか偉大さとか、愛する者と愛される者とのあいだに距離をつくるような観念を無視する態度だ。そのようなへだたりは、まったくないのだ。それどころか、親は子供を完全に自分たちの愛情に依存しているものと見る。子供は世話を受ける者であって、親を庇護《ひご》する存在ではない。庇護はシュリー・クリシュナに与えられるべきであって、彼から期待することはないのだ。それは、この上もなく非利己的な関係だ。これが、子供に対する親の愛というもっとも純粋な形の無私の愛の例だ。

次は、夫と妻の、または恋人どうしのあいだの関係だ。この場合、信者は自分を妻、または女性の恋人と見なし、神を夫または男性の恋人と見なす。人間どうしのあいだで考えられる限りのもっとも強烈な愛だと言われている。

この愛は、シュリー・クリシュナとシュリー・ラーダーの関係の物語の中に描写されている。彼らは夫婦ではなく、愛人どうしであったということに注意すべきだ。なぜそのように描かれているのか。愛はこの場合にその強さにおいて極限に達するからだ。夫婦のあいだの愛はしばしば当然のことになっている。また恋人どうしのあいだに存在するような極度の親密さの感情もない。ゆえに神に対する信仰者の愛のもっとも強烈なものが、恋人どうしの関係に例えられているのだ。

人びとは、そんな風に考えるのは不道徳だと考えるかもしれないが、それこそ世俗的な考え方だ。これはそのように見られるべきではない。たとえとして理解されるべきものだ。恋人どうしのあいだに存在するであろう愛の強烈さは、他に例証の方法のないものだ。神と信仰者はそれくらい強烈な愛、他にくらべるもののない強烈な愛で結ばれなければならない。バクティの道によると、これは考えうる限りの最高の愛なのだ。

八三、クマーラ(ナーラダ)、ヴィヤーサ、シュカ、シャンディリャ、ガルガ、ヴィシュヌ、カウンディニャ、シェシャ、ウッダヴァ、アルニ、バーリー、ハヌマーン、ヴィビーシャナその他のバクティの師たちは一致して、世間の批判を恐れることなく、このように宣言した。

さてここでナーラダは、これが前記のようなバクティの偉大な師たち全員の一致した意見であると言って、要約している。ナーラダは、彼が他の偉大なバクティの師たちの経験したものと異なる、自分ひとりの新しい考えを出しているのではないと言い、ここで、その生涯の中でバクティのさまざまな面を示した何人かの師たちの経験を引用している。彼らはその生涯において、この信仰を実践することでどのような態度を養うことができたかを示してきた。

このような偉大なバクティの師たちは世間の人びとの言うことを気にしない。これは重要なポイントだ。人びとはそのような態度を批判するかもしれない、実際に批判することもある。しかし信仰者はそれを少しも恐れないだろう。彼らは人びとの言うことを気にしないだろう。自分は正しい道を歩んでいる、そしてその道は自分を「最高者」へ導きつつある、または導いてくれたと、確信してこの道を進み続けるだろう。だから、彼らは世間の批評や他者の言葉を恐れないのだ。

しかし、もし本当のアーチャーリヤ(宗教の教師、導師)である人からの批判であれば、そのときには信仰者も考えなければならない。気をつけなければならない。しかしこの場合、すべての偉大なバクティの教師たちが一致して、この道が有効であるという意見を持ち、ゆえに世間の人びとの言うことを恐れずにこれを教えているのだ。

この道は他の人びとによって厳しく批判されてきた。たとえば、知識の道を進む人びとだ。彼らは「ただ感情的な行為にふけるとは何ということか。それが人をどこに導くというのか。けっしてムクティ（解脱）、人生最高の目標には導かないだろう」と言う。こうして彼らは信仰者を厳しく批判するが、信仰者はそのような批判で動揺することはない。たとえば、シュリー・ラーマクリシュナが手をたたいて神の栄光を歌っておられたとき、知識の道の信奉者であった彼の師トーター・プリーは「なぜ、そんなふうにしてチャパティを作るのか」と言って彼をからかった。（当時、人びとはチャパティを作るとき、小麦粉をこねたかたまりを手のひらにのせて、両手でたたき好きな大きさに平たくした、そのやりかたが拍手しているように見える）トーター・プリーはそれが人を神の悟りに導く行為であるとは考えもせず、シュリー・ラーマクリシュナをからかったのだ。彼はそれをけっして信じなかったので、そのような皮肉を言ったのだ。

シュリー・ラーマクリシュナが「サンニャーサを取るべきかどうか、『母なる神』に聞いてくる」と言ってマザー・カーリーにたずねるために聖堂に行ったとき、トーター・プリーは「これは何ということだ。この若者はヴェーダーンタを修行する十分な資格をそなえていると思われるのに、どうしてこんな迷信を持っているのだろう。祭神に聞くと言って聖堂に行った。これがサンニャーサと何の関係があるのか」と思って驚嘆した。

つまり、トーター・プリーは次のように考えたのだ。「すべての神像、すべての象徴、すべての偶像は、『ブラフマン』の知者によれば無意味だ。それらは本質的なものではない。唯一『実在』である『ブラフマン』との比較において、それらは何ものでもない。それらすべては非実在だ。なぜラーマクリシュナは聖堂に行って、非実在である『母』の意見を求めるのだろうか」

このように、この信仰の態度は他の道を進む人びとからは厳しく批判されるが、信仰者の決意や信仰はゆるがない。彼は我が道を行くのだ。

われわれはこの「ナーラダ・バクティ・スートラ」の論説の終わりにさしかかっている。これらの思想を考えることがあなた方に何か影響を与え、進むべき道を示すものであることを願っている。これが唯一の道であると言っているのではないが、他にどのような道があるにせよ、これは神に近づくために持ち続けるべき非常に重要な道なのだ。

ナーラダは特に、「自分は他の人びとによって確証されていないことはひとつも教えていない」と言っている。彼は謙虚なので、自分の意見と同時に、それを支持する他の識者の言葉もいっしょに引用している。だから彼は「このようにバクティの師たちは世間の批判を恐れずみな一致してこう断言した」と言い、彼らの名前を挙げている。前にも述べたようにその名簿は長いものだ。つまり、「真理」そのものについては、誰ひとり、自分がその創始者であるなどと主張することはできない。「真理」は永遠であり、多くの師たちが長い歳月にわたって、その同じ「真理」を各自の方法を通じて示してきたのだ。

八四、ナーラダのこの幸多き教えを、信仰をもって信じ従う者はだれでも神の愛人となり、人生の唯一の目的である「最愛の存在」を悟るだろう。

これまでのいくつかの格言で、ナーラダは彼の考えを強調し、その論説を締めくくるために最後の言葉をくり返している。

結論において、ナーラダのこの幸多き福音を信じ、それに信仰を持つ者は誰でも神の愛人となり、最高の至福と人生の目的を手に入れると言われている。

ナーラダはこの格言集の中で、少しも学識を示そうとはしなかった。彼の教えはとても素朴で、容易に理解できるものであり、また容易に実践できるものだ。バクティ・ヨーガは至高の神を得るためのもっとも平易な道だ。なぜ平易かといえば、それは大した学識を必要としないし、あまり厳しい苦行さえも必要としないからだ。度のすぎた禁欲はバクティ・ヨーガの師たちには賛成されないのだ。学識もまたしばしば、人の心に自分は偉い学者であるという一種のプライドを生み出すが、それとは反対に、バクティ・ヨーガの師たちはこの上もない謙虚さを示す。バクティ・ヨーガをくわしく説いた偉大な学者はたくさんいるが、バクティ・ヨーガにおいて学識は重要な位置を占めるものではない。学識そのものは、バクティ・ヨーガの中で価値を持つものではない。シュリー・ラーマクリシュナが言われたように、子供は父親の偉大さを知らないかもしれない。それでも彼は父親を愛し、父親は子供を愛しているのだ。きちょうめんに祭祀《さいし》の儀式を行うことも、それほど重要ではない。これもシュリー・ラーマクリシュナがおっしゃっていることだが、子供は「お父さん」と正しく発音することができないかもしれない。彼はただ何かの音を発するだけだが、それでも父親は子供が自分を求めていることを理解する。

そのように、聖典に命じられているとおりに儀式を行ったり、マントラを正確に発音したりすることは必ずしも必要ではない。ここで必要とされるのは、神を求める素朴な渇仰心なのだ。儀式や規律正しい修行も絶対に必要というわけではないだろう。そのことはシュリー・ラーマクリシュナによって、彼の生涯の中で実証された。「母なる神」を求めておられたころ、「彼女」に呼びかける場合の手続きのことなどは、少しも考えておられなかった。彼はただひたすら「母」を慕っておられたのだ。ハートは「母」のヴィジョンを求めて血を流していた。それが、バクティ・ヨーガでは儀式の几帳面な執行は必ずしも必要ではないということの証明だ。バクタは聖典に精通している場合もあるし、いない場合もある。もし正式な祭祀のときに行われるべき儀式に精通しているなら、彼はその儀式を行うだろう。しかしそれらは神に近づくために絶対必要だ、というものではない。シュリー・ラーマクリシュナは、心中にあの強烈な神への渇仰心が目覚めるまでは、聖典が命じている儀式で彼が学ばれたものは全部おこなっておられた。しかし愛に狂気なさったとき、彼はそれらをすっかり忘れておしまいになった。「マザー・カーリー」(カーリー女神)を礼拝しておられるときも、そこでの決まった方式はまったくなかった。それはまさに、「母」の前にいる幼児の行動だった。シュリー・ラーマクリシュナはこれによって、儀式は必ずしも必要なものではないということを示されたのだ。彼はシャクティ派の正式なイニシエイションを受けておられたのだが、それは一種の形式的なイニシエイションにすぎず、それに重要性を認めるような発言をなさったことはまったくなかった。それは、このような儀式的な手続きをしなくても、神への純粋な愛によって「彼」に到達することができるということを示している。それがバクティ・ヨーガの特徴なのだ。

そして次に、知的な面について、学識はバクティ・ヨーガの重要な要素ではない。ナーラダ自身は偉大な学者だったが、これらの格言を述べるにあたって、彼はけっしてその学識を前面に出すことはなかった。全巻を見わたしても、彼が自分の言ったことを確証するために聖典の章句を引用しているところは一カ所もない。それは、ナーラダが自分の味方になるような章句を引用するだけの素養がなかったからではない。彼はその必要を認めなかったのだ。人はまったく学問がなくても、信仰の道によって神に近づき、「彼」を悟ることができる、神への憧れに対して学識は何の力も持たないということを特に示そうとしたのだ。シュリー・ラーマクリシュナはその同じ考えを彼の生涯の中で実証された。

つぎに、社会的地位について。信仰者は高いカーストに属していなくてもいいし、社会で地位を得ている必要もない。ナーラダは召し使いの子であり、その先祖については何も知られていない。ときおり、ブラフマ・クマーラ、ブラフマあるいはブラフマーの息子と呼ばれているけれど、それはうちとけた表現だ。史実としては、ナーラダの先祖に関する記述はいっさいない。記録に残っているのは、母親が召し使いだったということと、彼がごく幼いときから放棄の精神を持っており、出家して瞑想の生活に入り、熱意をこめて祈った結果、ついに神のヴィジョンを得たということだけで、父親については、何の記録も残されてはいない。彼は瞑想に座り、強い憧れをもって祈った、そして神が彼の前に現れたのだ。このように、神の悟りには高い家柄や血統もいらないし、聖賢の子孫に生まれる必要もないということが、彼の生涯の中で証明されている。いかなる社会的境遇にいても、人はためらうことなくバクティ・ヨーガを実践することができるし、もしまじめに熱心にそれを実践するなら、神の悟りは確実についてくるだろう。それでも、バクティ派の信仰者たちのハートにさらに深く信仰を注ぎ込もうとして、ナーラダは「バクティ・ヨーガについて私がここに述べたことはすべて、偉大な聖者たち（前に述べた）によって教えられている」と言っている。ナーラダは、これらはすべてシヴァ神から授けられた教えであって、自分はただそれを伝えているだけだと言っている。

これらの教えを信じ、それに従う者にはどういうことが起こるか。彼は信仰を授けられる。そのクライマックスとして、彼はあの「至高者」を悟る人生の最高の至福を得るのだ。この章の終わりであり、この本の終わりであることを示すためにそれは二回繰り返されている。あるいは、彼は間違いなく、あの「至高者」、彼の最愛の者を悟るということを意味しているのかもしれない。二つのことがある、「彼」への信仰を持ち、積極的にその方法を実行する人はすべて、それを獲得するということだ。ただ表面的に信じているだけでは十分ではない。生活全体が信仰に従って形成されなければならない。そうしてはじめて、教えはその人にとって価値あるものになるのだ。バクティについての講義は立派にするが、信仰者ではないという大学者もいるだろう。シュリー・ラーマクリシュナがおっしゃったことだが、バーガヴァタに精通した学者の物語がある。彼は王宮でマハーラージャ（王）の前で講義をした。そして講義が終わると毎回、彼は「マハーラージャ、おわかりになりましたか」とたずねていた。王は「あなたが、まず理解しなさい」と答えていた。学者はそのような応答におどろいた。「これはどうしたことか。私は生涯かけてこれを研究し、自分でも十分満足できるほどみごとに講義をしている。それなのに王様は、まずお前が理解せよとおっしゃる。私が理解していないとでもいうのだろうか」このようなやりとりが三回続いた後、それでも王様がただ「あなたが、まず理解しなさい。あなた自身が理解してください」と言うのを聞いて、学者は考えはじめた。「そればどういう意味か」彼は学者であったが、同時に謙虚な人でもあったので、自分を分析しようとした。「なぜ王様は私がそれを理解していないと言ったのだろうか」それから熟考の末、彼はこの教えの精髄を理解したのだ。「この教えの精神は神のためにすべてを放棄するということだ。私はそれをしたか。してない。だから王様が『まず、お前が悟れ』とおっしゃったのはもっともなことだ」そこで、彼はついに講義をやめ、王様に「はい、今は私も理解しました」という伝言を残して、世を放棄した。これが大切なところだ。もしわれわれがこれらの教えを理解するとしたら、単に知的な理解であってはならない。そのような理解はわれわれをどこにも連れては行かないだろう。シュリー・ラーマクリシュナがよく言われたように、ハゲタカは空高く舞い上がるが、その眼は地上のケモノの腐肉にくぎづけにされている。同様に、学者たちは聖典を説明し、非常に高い理想を説くけれど、その心は世俗の事物に執着している。それでは彼の学識は何の役に立つだろうか。シュリー・ラーマクリシュナは「私はそのような学者はわら屑《くず》ほどにも思わない」とおっしゃった。そのような学識は富や名声をもたらすかもしれないが、魂の救済は得られない。だから、まったく無益なことだ。バクティ・ヨーガにおいて、これは特に重要だ。放棄は、もちろん神の探求者にとっては非常に高い価値のある行為だと見なされている。しかし信仰者にとっての放棄は奇跡だ。彼はこの世を、学者が見るような眼では見ていないのだから。彼は心の奥底で、世界は自分が必要とするものではない、自分が憧れているものではないということを、そして、自分は愛しい神を求めているのだということを感じている。神が、彼の求めているものであり、彼にとって神なしではこの世は無価値なものなのだ。それは彼を神からそらせるものだ。

こういう話がある。あるとき、シーターがハヌマーンの献身を喜んで、彼に真珠のネックレスを与えた。ハヌマーンはサルだ。サルがよくするように、彼はそのネックレスを取り出し、真珠をかみつぶして捨ててしまった。これを見て誰かが言った。「まさにサルのふるまいだ。ネックレスの価値を知らないのだ。あの立派な真珠はどんなに高価なものかわからないのに、彼はそれをただこわして捨てている」そこで、ある人がハヌマーンに聞いた。「このはかりしれないほど高価な真珠を投げ捨てるのは、どういうわけですか。これがどれほどの値打ちがあるものか、あなたはわからないのでしょう。なぜ真珠をこわすのですか」ハヌマーンは答えた。「私はこの中にラーマがいらっしゃるかと思ってかみ破ったのだ。ところが『彼』はいらっしゃらなかったから捨てているのだ」そこで、その人が言った。「あなたは体を持っている。その体を投げ捨てないのはその中にラーマがいらっしゃるからなのですか」その物語によると、ハヌマーンはそこで自分のハートを開いた。すると見よ、そこにはラーマが宿っておられたというのだ。そうでなかったら、自分の肉体も投げ捨てられるところだったのだ。これが信仰者の態度だ。彼にとっては、神以外に何ひとつ貴重なものはないのだ。他のすべてのものは価値がない、それが信仰者のとる態度だ。おおぜいの教師たちもみな同じことを教えている。

最後に、要約して次のように言われている。「これらの教えにシュラーッダと信仰を持つ者は誰でも……」シュラーッダと信仰は、ほとんど同じ意味だ。シュラーッダは聖典への信仰、もうひとつは聖典の助けがなくても普通に持つことのできる信仰だ。「シュラーッダと信仰を持つ者は誰でも、これを悟るだろう」何を悟るのか。「最愛の者」であるところの神を悟るのだ。それが実に美しく要約されている。「彼は『最愛の者』を悟る」彼は神とも言わなかった。「彼」の栄光も、そこでは必要ではないのだ。他の属性は問題ではない。ただ、信者にとって愛すべき「彼」、「最愛の彼」、「彼」だけが人生の至高の目標だ。信仰者はそれに到達するのだ。この至高のゴールが得られたのちには、他に得るべき何が残るだろう。彼の願望は満たされ、彼は安らかだ。彼のハートには「最愛の者」への愛があふれ、「最愛の者」に合一しようとしているのだ。それが信仰者の人生の目的だ。美しい講義の、実に美しい結末だ。

この主題は、単に知的理解を与えるためだけに、単に好奇心を満足させるためだけにではなく、人生に真に重大な意味を持つあるもの、人間にとってもっとも大切なものを得るために、取り上げられるべきものだ。それは神に合一すること、「彼」に到達すること、「彼」と交わることとだ。それがバクティ・ヨーガによって得られるものだ。それが他の人びとによって認められても、認められなくても、バクタはまったく気にしないと、ナーラダは言っている。たとえ気違いだとか、変人だとか批評されても、信仰者にとってそれが何だろうか。彼は最高の目標に到達したのだから、他の人びとの言うことなどは気にとめないのだ。このことも、ここにはっきりと述べられている。それがバクティ・ヨーガだ。それに対して支払われる代償は、信者の肉体を含む、彼の持ち物すべてだ。ゴーピーたちは自分を神の召し使いと見なし、それに対して少しの代償も求めなかった。彼女たちは他の何ものを持つことも考えず、そこからのいかなる報酬も求めず、ただ自らを主の足もとに捧げたのだった。信仰者はいっさいのものを神に捧げ、他の何ものも、自分の幸福も問題にしない。信仰者が求めるのは幸福ではない。彼が求めるのは神だ。幸福は求めないけれどやってくる。彼は自分の力の限りをつくし、全心を捧げて神に仕えることができれば、それで満足する。それが真心をこめた信仰と呼ばれるものだ。ハートのかたすみさえも、他の何ものかのために、他の何びとかのために残されていてはならない。神がハートの全部を占めなければならない。それが一点集中の信仰と呼ばれるものであって、それはただひとつの対象だけに向かい、他のものにはまったく行かないのだ。それがバクタの生涯において大切にされなければならないものだ。その適切な例は、ゴーピーたちの生涯だ。彼女たちはすべてのものを、世間の評判までも放棄した。神のためにいっさいを放棄したのだ。それがゴーピーたちの生涯の美しさだ。そこが、シュリー・ラーマクリシュナが信仰の理想として賞賛されたところだ。信仰者は、世間の評判もふくめて何ひとつ残すことなく、あらゆるものを神に捧げなければならない。それが、バクティ・ヨーガの美しいところだ。人がこれを成就すると、彼は確実に目標に、つまり「最愛の者」に到達する。それがバクティ・ヨーガの究極目標だ。

だからバクタは必ずしも学者でなくてもよい、たくさんの犠牲を捧げ祭祀を行った宗教人でなくてもよい、世間一般に理解されている意味の清浄の規則にさえ従っていなくてもよい。それでも彼は浄らかであり、彼のひと触れが、彼の存在が他者を浄める。彼のひと触れによって、罪人も聖者になることができる。それが信仰の偉大さだ。それがバクタの高貴さだ。シュリー・クリシュナは「バーガヴァタ」の中で言っている。「ゴーピーたちから受けた愛に、『私』はどうしたら報いることができるだろうか。彼女たちが『私』

に与えてくれた愛には、到底十分に報いることはできない」信者が神に対して感じるのと同じように、神も信者に対して感じるのだ。シュリー・クリシュナは言う。「賢者たちやそのような偉大なバクタたちが行くとき、『私』は彼らの後をついて行く、彼らの足の塵《ちり》が『私』の上に落ち、それによって『私』が浄められるように」これは人間に対する最高の賛辞だろう。

Nāradīya Bhaktisūtra

ナーラダ・バクティ・スートラ

信仰の道についてのナーラダの格言集

スワーミー・ブーテーシャーナンダ

2015 年 11 月 10 日 初版第 1 刷発行
2020 年 04 月 29 日 初版第 2 刷発行
発行者　日本ヴェーダーンタ協会会長
発行所　日本ヴェーダーンタ協会
249-0001 神奈川県逗子市久木 4-18-1
電 話　046-873-0428
E-mail　info@vedanta.jp
Web　vedanta.jp
FAX　046-873-0592
印刷所　モリモト印刷株式会社

万が一、落丁・乱丁の場合は送料当方負担でお取替えいたします。
定価はカバーに表示してあります。

ISBN 978-4-931148-57-4

C　D

CD ガーヤットリー・マントラ 108　価格 1200 円（約 73 分）深遠な意味と高い霊的忘我のムードを持つインドの霊的伝統で最も有名なマントラ(真言)の一つ。マントラを108回唱えることは神秘的で特別な意味がある。

CD シヴァ神のマハームリットゥンジャヤ・マントラ 108　1200 円（約 79 分）インドの霊的伝統に基づく有名なマントラ（真言）の一つで、強い霊的波動と加護の力を持つことから広く唱えられている。

CD マントラム 1500 円（約 66 分）インドと日本の朗唱集。インドおよび日本の僧侶による。心を穏やかにし、瞑想を助ける。

シュリー・ラーマクリシュナ・アラティ　価格 2000 円（約 60 分）毎日ラーマクリシュナ・ミッションで夕拝に歌われているもの、他に朗唱等を含む。

シヴァ - バジャン（シヴァのマントラと賛歌　価格 2000 円（約 75 分）　シヴァに捧げるマントラと賛歌が甘美な声で歌われ、静寂と平安をもたらす。

こころに咲く花　～やすらぎの信仰歌～　価格 1500 円（約 46 分）　日本語賛歌 CD です。主に神とインドの預言者の歌で神を信じる誰もが楽しめる内容。

ラヴィ・シャンカール、シタール　価格 1900 円 世界的な演奏家によるシタール演奏。瞑想などの BGM に。

ハリ・プラサード、フルート　価格 1900 円 インド著名な演奏家によるフルート演奏。瞑想などの BGM に。

Vol.　番 ディッヴャ・ギーティ（神聖な歌）１～３　各価格 2000 円（約 60 分）聞く人のハートに慰めと純粋な喜びをもたらし、神への歓喜を呼び覚ます歌。

ディヤーナム（瞑想）　価格 2000 円（77:50 分）信仰の道（バクティ・ヨーガ)、識別の道（ギャーナ・ヨーガ）の瞑想方法を収録。

普遍の祈りと讃歌　価格 2000 円（44:58 分）サンスクリット語の朗誦と讃歌によるヴェーダ・マントラ。

バガヴァッド・ギーター（全集）価格 5000 円（75:27、67:17、68:00 分）サンスクリット語。インドの聖なる英知と至高の知恵の朗誦、全 18 章完全収録。

シュリマッド・バガヴァッド・ギーター（選集）　価格 2200 円（79:06 分）上記のギーター３枚組より抜粋し、１枚にまとめた CD。

電子書籍（現在アマゾンのみの販売）

書籍(キンドル版)の QR コード。最新のものからすべて見ることができます。
https://goo.gl/haJxdc

雑誌（同版)、最近の雑誌を一冊ごとにキンドル化。
https://goo.gl/rFHLnX

雑誌合本総合（同版)、年ごとの合本（〔初期は 12 冊〕。１９６４年よりスタート。
https://goo.gl/AgQAs2

書籍・雑誌総合（キンドル版)。両方の最新のものからすべて見ることができます。
https://goo.gl/HbVHR2

※電子書籍は随時発行中。

※その他　線香、写真、数珠などあります。サイト閲覧又はカタログをご請求ください。

※価格・内容は、予告なく変更の可能性があります。ショップサイトで最新の情報をご確認ください。

会　員

•協会会員には、雑誌講読を主とする準会員（1年間５０００円、3年間１３０００円、5年間２１０００円）と協会の維持を助けてくれる正会員(1年間１５０００円またはそれ以上)があります。正•準会員には年６回、奇数月発行の会誌「不滅の言葉」と、催し物のご案内をお送り致します。また協会の物品購入に関して準会員は１５%引き、正会員２５%引きとなります。(協会直販のみ)（会員の会費には税はつきません）

• https://vedantajp.com/ 会員 / からも申込できます。

伝記と教え。
シュリーマッド・バーガヴァタム［改訂版］価格1600円（B6判、306頁）神人シュリー・クリシュナや多くの聖者、信者、王の生涯の貴重な霊性の教えが語られている。
(中古本）ラーマクリシュナの生涯上巻 価格3900円〔中古本のみ〕（A5判、772頁）伝記。その希有の霊的修行と結果を忠実に、かつ詳細に記録。
(POD版）ラーマクリシュナの生涯下巻 価格4500円（A5判、608頁）ＰＯＤ版、ソフトカバー。伝記下巻。
シュリーマッド・バガヴァッド・ギーター　価格1400円（B6変形、220頁、ハードカバー）ローマ字とカタカナに転写したサンスクリット原典とその日本語訳。
抜粋ラーマクリシュナの福音　価格1500円（B6判、436頁）1907年、「福音」の著者みずからが、その要所をぬき出して英訳、出版した。改訂2版。
最高をめざして　価格1000円(B6判、244頁)ラーマクリシュナ僧団•奉仕団の第6代の長、スワーミー•ヴィラジャーナンダが出家・在家両方の弟子たちのために説いた最高の目標に達するための教え。
カルマ・ヨーガ　価格1000円（新書判、214頁）ヴィヴェーカーナンダ講話集。無執着で働くことによって自己放棄を得る方法を説く。
バクティ・ヨーガ　価格1000円（新書判、192頁）同上。人格神信仰の論理的根拠、実践の方法及びその究極の境地を説く。
ギャーナ・ヨーガ　価格1400円（新書判、352頁）同上。哲学的思索により実在と非実在を識別し、真理に到達する方法を説く。
ラージャ・ヨーガ　価格1000円（新書判、242頁）同上。精神集中等によって、真理に至る方法を説く。
シカゴ講話集　価格500円（文庫判、64頁）シカゴで行なわれた世界宗教会議でのスワーミージーの全講演。
ラーマクリシュナ僧団の三位一体と理想と活動　価格900円（B6判、128頁）僧団の歴史と活動および日本ヴェーダーンタ協会の歴史がわかりやすく解説されている。
霊性の修行　価格900円（B6判、168頁）前僧院長ブテシャーナンダジによる日本での講話。霊性の修行に関する深遠、そして実践的な講話集。
瞑想と霊性の生活1　価格1000円（B6判、232頁）スワーミー・ヤティシュワラーナンダ。灯台の光のように霊性の旅路を照らし続け、誠実な魂たちに霊的知識を伝える重要な概念書の第1巻。
瞑想と霊性の生活2　価格1000円（B6、240頁）灯台の光のように霊性の旅路を照らし続け、誠実な魂たちに霊的知識を伝える重要な概念書の第2巻。
瞑想と霊性の生活3　価格1000円(B6､226頁)本書は実践上のヒントに富んだ､霊性の生活の手引書。第3巻。
わが師　価格1000円(B6判、246頁)スワーミージー講演集。「わが師（スワーミーが彼の師ラーマクリシュナを語る)」、「シカゴ講演集」、「インドの賢者たち」その他を含む。
ヒンドゥイズム　価格1000円(B6判、266頁)ヒンドゥの信仰と哲学の根本原理を分かりやすく解説した一般教養書。
霊性の師たちの生涯　価格1000円(B6判、301頁)ラーマクリシュナ、サーラダー•デーヴィーおよびスワーミー・ヴィヴェーカーナンダの伝記。
神を求めて　価格800円(B6判、263頁)　直弟子。禁欲と瞑想の聖者スワーミー・トゥリャーナンダの生涯。
謙虚な心　価格1100円(176頁､B6)シュリー•ラーマクリシュナの家住者の高弟ナーグ•マハーシャヤの生涯。
スワーミー・ヴィヴェーカーナンダの生涯 価格1900円→1500円(A5判、368頁）すばらしい生涯が美しくまとめられている。スワーミー・ニキラーナンダ著。
ホーリー・マザーの福音　価格1900円（A5判320頁）現代インドの聖女サーラダー・デーヴィーの教え。
ホーリー•マザーの生涯　価格1900円（A5判320頁）スワーミー•ニキラーナンダ著。現代インドの聖女サーラダー・デーヴィーの生涯。
スワミ•アドブターナンダ　価格1000円（B6判、190頁）正規の教育をまったく受けていないにかかわらず、最高の叡智を悟ったラーマクリシュナの高弟。

日本ヴェーダーンタ協会 刊行物

https://vedantajp.com/ショップ/

書　籍

パタンジャリ・ヨーガの実践　価格 1500 円（B6、254 頁、ハードカバー）インドの聖者パタンジャリが編纂した聖典『ヨーガ・スートラ』に教示されたアシュターンギカ・マールガ（8つの実践部門）の実践的解説書。
インド賢者物語［改訂版］ 価格 900 円（B5 判、72 頁、2色刷り）ヴィヴェーカーナンダ伝記絵本。
実践的ヴェーダーンタ［改訂版］ 価格 1000 円（B6 判、196 頁）ヴェーダーンタの高遠な哲学を実践してわれわれの内なる自己の真の性質を悟る方法を説いている。
ラーマクリシュナの福音 価格 5000 円（A 5 判、上製、1324 頁）近代インド最大の聖者ラーマクリシュナの言葉を直に読むことができる待望の書。改訂版として再販。
輪廻転生とカルマの法則［改訂版］ 価格 1000 円（B6 判、188 頁）日本語が原作となる初の本。生や死、活動、インド哲学が説く解脱等、人生の重要な問題を扱っている。人生の問題に真剣に答えを求めている人々に役立つ。
霊性の光　価格 1000 円（B6、200 頁）故僧院長ブーテーシャーナンダジのインド国内外の講話をまとめた書。「人生を霊的なものにする」ことをわかりやすく解説している。
ナーラダ・バクティ・スートラ　価格 800 円（B6、184 頁）聖者ナーラダによる信仰の道の格言集。注釈あり。
ヴィヴェーカーナンダの物語［改訂版］価格 900 円（B6 判、132 頁）スワーミー・ヴィヴェーカーナンダの生涯における注目すべきできごとと彼の言葉。
秘められたインド［改訂版］ 価格 1400 円（B6、442 頁）哲学者 P・ブラントンが真のヨーギを求めてインドを遍歴し、沈黙の聖者ラーマナ・マハリシに会う。
ウパニシャド［改訂版］価格 1500 円（B6、276 頁）ヒンドゥ教の最も古く重要な聖典です。ヴェーダーンタ哲学はウパニシャドに基づく。
永遠の伴侶［改訂版］価格 1300 円 (B6 判、332 頁) ブラフマーナンダジーの伝記、語録と追憶記も含む。
最高の愛 価格 900 円（B6 判、140 頁）スワーミー・ヴィヴェーカーナンダによる信仰（純粋な愛）の道に関する深い洞察と実践の書。
調和の預言者 価格 1000 円（B6 判、180 頁）スワーミー・ヴィヴェーカーナンダの生涯の他にメッセージ等を含む。
立ち上がれ 目覚めよ 価格 500 円(文庫版、76 頁) ヴィヴェーカーナンダのメッセージをコンパクトにまとめた。
100 の Q&A 価格 900 円 (B6 判、100 頁）人間関係、心の平安、霊的な生活とヒンドゥ教について質疑応答集。
永遠の物語 価格 1000 円 (B6 判、124 頁)（バイリンガル本）心の糧になるさまざまな短篇集。

ラーマクリシュナの福音要約版 上巻　価格 1000 円（文庫判、304 頁）「ラーマクリシュナの福音」の全訳からの主要部分をまとめた要約版上巻。

ラーマクリシュナの福音要約版 下巻［改訂版］　定価 1000 円（文庫判、392 頁）「ラーマクリシュナの福音」の全訳からの主要部分をまとめた要約版下巻。

スワーミー・ヴィヴェーカーナンダと日本　価格 1000 円（B6 判、152 頁）スワーミーと日本との関連性をまとめた。

インスパイアリング・メッセージ Vol.1　価格 900 円（文庫版変形、152 頁）世界の偉大な預言者のメッセージを集めた小冊子。

インスパイアリング・メッセージ Vol.2　価格 900 円（文庫版変形、136 頁）同上の第 2 弾。

はじめてのヴェーダーンタ　価格 1000 円 (B6 判、144 頁) はじめてインド思想のヴェーダーンタに触れる方々のために書かれたもの。

真実の愛と勇気（ラーマクリシュナの弟子たちの足跡）価格 1900 円（B6 判、424 頁）出家した弟子 16 人の